清华文库

QINGHUA
TUSHU WENKU

梁漱溟精粹·江天下智慧

聚学术精粹·汇天下智慧

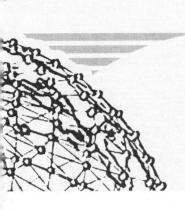

中国人力资本存量
对经济增长的影响

尹 典⊙著

清华大学出版社
北京

图书在版编目（CIP）数据

中国人力资本存量对经济增长的影响/尹典著.—北京：清华大学出版社，2021.9
ISBN 978-7-302-54869-0

Ⅰ.①中…　Ⅱ.①尹…　Ⅲ.①人力资本－影响－区域经济－经济增长－研究－中国
Ⅳ.①F127

中国版本图书馆 CIP 数据核字（2020）第 023086 号

责任编辑：左玉冰
封面设计：汉风唐韵
责任校对：宋玉莲
责任印制：沈　露
出版发行：清华大学出版社
　　　　　网　　　址：http://www.tup.com.cn，http://www.wqbook.com
　　　　　地　　　址：北京清华大学学研大厦 A 座　　　邮　　编：100084
　　　　　社　总　机：010-62770175　　　　　　　　　邮　　购：010-62786544
　　　　　投稿与读者服务：010-62776969，c-service@tup.tsinghua.edu.cn
　　　　　质量反馈：010-62772015，zhiliang@tup.tsinghua.edu.cn
印　装　者：三河市少明印务有限公司
经　　销：全国新华书店
开　　本：170mm×230mm　**印　张：**13.5　**插页：**1　**字　　数：**230 千字
版　　次：2021 年 9 月第 1 版　　　　　　　　　**印　　次：**2021 年 9 月第 1 次印刷
定　　价：159.00 元

产品编号：084745-01

本书为吉林省科技厅科技战略与规划研究项目"'长春经济圈'建设对全省经济社会发展的引领与辐射机制研究"（项目号：20200101018FG）的阶段性成果

本书得到国家社会科学基金青年项目"失能老人长期照护资金规模测算及筹集模式研究"（项目号：16CRK018）的资助

关于人口和人力资本对经济增长影响这一主题,最早可追溯到马尔萨斯(Malthus)提出的人口原理,其核心观点是人口几何级增长超过经济增长并导致资本稀释,从而会抑制经济增长,因此社会需要控制人口增长。索洛(Solow)构建的新古典经济增长模型,证明了人力资本投资和技术进步能够扭转马尔萨斯的人口增长假设。此后,无论是经济学理论还是各国经济发展的实际情况,都进一步证明了人力资本以及由人力资本引发的科技进步对经济增长的贡献越来越突出。

中华人民共和国成立以来,中国经济社会发展经历了两个主要阶段。以改革开放为分水岭,中国开始从计划经济向市场经济转型过渡。在改革开放之初,中国处于刘易斯经济发展理论假设的初始阶段,即农村劳动力无限供给,与此同时,人口过剩与投资不足、外汇不足的钱纳里"两缺口"并存,经济发展面临的最大问题是投资不足和就业压力。

中国充分发挥中国劳动力充沛和成本优势,大力发展出口导向型经济,以经济特区、经济开发区为载体,在计划经济汪洋大海的边缘地带培育市场经济体制,以增量改革积蓄新的发展动力。出口导向型经济战略既突破了"两缺口"的困境,又为解决劳动力就业问题创造了条件,至此,中国走上了刘易斯经济发展之路。

中国抓住了劳动力充足、综合抚养比低的"人口机会窗口",外向型经济与人口结构优势结合产生了巨大的人口红利。2001年中国加入 WTO(世界贸易组织)之后,累积多年的潜力进一步得到释放。2008年中国珠三角地区开始出现民工荒,标志着中国进入了刘易斯第一个拐点,人口素质短板逐渐取代人口数量问题成为制约经济发展的主要障碍之一。

2003年高等教育出版社出版了中国教育与人力资源问题报告《从人口大国迈向人力资源强国》,人力资本在中国经济社会发展中的地位和作用已显著提升。近年来,随着中国人口红利逐步减弱,人口老龄化加剧,低生育水平持续,人口增速下滑,人口数量不足、人口收缩、城市扩大、农村人口空心化日趋严重等新的问题不断显现。在"国内国际双循环"的发展战略背景下,人力资源是推动经济发展和科技创新的主导力量,人口和高素质人才成为各地竞相争夺的优质资源,全面提升人力资源水平将成为未来促进人口与经济、社会均衡发展的重要途径。

伴随着中国经济社会发展的大潮,有关人力资源与经济发展的研究大量涌现,名家辈出,成果丰硕。本书作者尹典博士,是吉林大学东北亚研究院培养的优秀青年学者,她在攻读博士期间开始研究中国人力资源与经济发展的相互关系,系统全面地梳理了相关研究,对于该领域研究有所建树。本书是在她的博士论文基础上,经过进一步研究出版的新著。希望新一代年轻学者,深植于中国经济社会发展的热土,以严谨求实的作风,在中国特色经济学理论和实践研究方面不断开拓创新。

付梓之际,是为序。

中国人口学会第九届理事会副会长

于　潇

　　近年来,随着我国经济增长速度的放缓,过去依托劳动密集型产业发展,依赖物质资本和劳动投入的增长模式正面临经济转型的困难,其中包括资本投入规模效益递减、劳动力成本增加、人口红利消失和资源环境约束等一系列问题。20世纪60年代以来诸多经济学家的研究结果显示,人力资本正是解决上述所有问题的关键。我们知道,人力资本是一种重要的生产要素,增加人力资本投入毫无疑问会提高产出。同时,人力资本也是一种特殊的生产要素,人力资本会通过其效率作用于物质资本和其他生产要素,提高其边际产量,消除边际收益率下降的趋势,从而提高经济增长率。人力资本在提高知识,以及提高技术水平的同时,能更有效地促进产业结构调整,进而改善城乡二元经济,缩小区域经济差异,对一个国家(地区)经济的转型乃至升级具有重要意义。

　　本书是我国人力资本存量及对经济增长影响的实证研究,笔者在查阅历年统计年鉴和统计数据后,运用 SPSS 24.0 软件和 Eviews 8.0 软件对其进行了实证分析与检验,并具体回答以下几个问题:第一,在多种估算人力资本的方法中,哪一种最适用于我国国情? 第二,改革开放后我国人力资本存量增长有什么变化? 第三,在我国经济增长中,物质资本、劳动投入和人力资本是怎样推动经济增长的? 我国各生产要素对经济增长的贡献如何? 第四,如何建立我国人力资本和经济系统的评价指标体系? 这个指标体系包含哪些变量? 我国各省、区、市人力资本存量和经济发展水平是否存在区域差异? 第五,各省、区、市人力资本系统和经济系统,以及系统内各要素的发展趋势如何? 其间是否协调? 是否相互匹配?

　　本书共分7章,各章具体内容如下:

　　第1章,主要包括研究问题的背景和研究意义,对本书研究的资本、人力资本和人力资本投资等概念进行了界定与辨析,之后,简述了本书研究的逻辑框架和主要内容、研究方法和数据来源等。

第2章,简述了本书的研究理论基础,包括:对古典经济学家、新古典经济学家和现代人力资本经济学家的人力资本思路与理论述评;对早期的经济增长模型和包含人力资本变量的经济增长模型的述评;对不同的人力资本计量方法,包括未来收入法、累计成本法、教育指标法和多指标法进行述评;对物质资本存量计量的四个关键要素的述评。

第3章,对我国改革开放后的人力资本存量进行了实证分析,在理论研究的基础上构建了人力资本存量计量模型,并用该模型分析了1978—2017年我国人力资本存量的动态变化。研究结果显示,我国总人力资本存量和人均人力资本存量在1978—2017年呈持续增加态势,总人力资本存量增速略快于人均人力资本存量增速,人力资本产出比呈先下降后上升的U形走势。在各类人力资本存量中,教育类和卫生类人力资本存量占总体比例最高,科研类和迁移类人力资本存量占比次之,培训类人力资本存量占比最少。这说明教育和卫生健康是我国最主要的人力资本积累途径。

第4章,采用主成分分析法和聚类分析法对我国人力资本评价系统进行实证分析。研究结果显示,我国教育类、卫生类和科研类指标,对我国人力资本发展影响很大。这说明教育、卫生保健和科研是我国人力资本积累的重要途径。

第5章,主要对改革开放后我国GDP(国内生产总值)、就业人数和物质资本存量进行了分析,构建了人力资本存量与经济增长的模型,实证检验了物质资本、人力资本和劳动投入对我国经济增长的贡献率。研究结果显示,随着我国经济的发展,就业人数增长率不断下降,人口红利正在逐渐消失。研究结果还显示,在我国经济发展过程中,物质资本对经济增长的贡献率远高于人力资本和劳动投入,说明我国经济发展主要依赖物质资本投资拉动,我国产业经济发展正逐渐从劳动密集型向资本密集型和技术密集型转变。

第6章,构建了人力资本系统和经济系统的耦合度模型,并用该模型分析了2008—2017年我国30个省、区、市人力资本存量是否和经济增长协调发展,以及二者之间的匹配性。研究结果显示,我国东部地区的人力资本存量和经济发展水平要远高于中部地区与西部地区,同时东部地区的人力资本和经济这两个系统的耦合度也是如此。我国人力资本发展水平最高的地区是北京、江苏、上海、广东和浙江,而这些地区的人力资本和经济这两个系统平均耦合度也是最高的。贵州、甘肃和青海的人力资本与经济系统耦合度最低。

第7章,提出了促进我国经济增长和人力资本提高的对策,具体如下:建立健全立体多层次和可衔接的教育体系,深化基础教育改革且均衡基础教育区域发展,调整高等教育结构并大力发展职业教育,推动高校"产学研"一体化发展,鼓励高校和企业引进海外高层次人才,鼓励教育投资主体多元化,完善医疗卫生服务体系,进一步缩小城乡医疗差距,推广全民健身运动,建立国民人力资本核算制度,推动低龄老年人力资本再开发,建立健全企业科技创新长效激励机制,加强科技人才培养且提升科技人员水平,深化户籍制度改革且鼓励劳动力流动,消除就业性别歧视且创造公平的就业环境。

著　者
2021 年 6 月

目 录
Contents

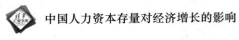

第 1 章
绪　论

　　20世纪六七十年代,西方经济学家把"人力资本"引入传统的经济增长模型,至此才充分解释了传统经济理论无法解释的经济增长问题。现阶段人力资本对经济增长具有巨大的作用已经成为人们的共识。世界经济发展的实践表明,发展中国家想要实现赶超式发展,缩小与发达国家之间的经济差距,单纯依靠物质资本的积累是不可能的。我国作为世界上最大的发展中国家,研究人力资本并且发展人力资本对我国经济的增长具有重要意义。

1.1　问题的提出

　　党的十八届五中全会提出了针对我国人才和人力资本发展的具体建议,包括要推动人才结构战略性调整,优化人力资本配置,消除人才流动障碍,完善人才服务保障体系等政策建议,可见人力资本,特别是高级人力资本在我国经济发展中的重要地位。

1.1.1　研究背景

从 1978 年改革开放以来,我国的经济发展取得了举世瞩目的成就。GDP 从 1978 年的 3 678.7 亿元,增长到 2017 年的 827 121.7 亿元(当年价格,下同),年均增长率 14.90%,增长 224 倍。人均 GDP 从 1978 年的 385 元增长到 2017 年的 59 660 元,年均增速 13.80%,增长 154 倍。国家财政实力不断增强,国家财政收入从 1978 年的 1 132.3 亿元增长到 2017 年的 172 592.8 亿元,增长 151 倍。除了经济规模不断增长外,产业结构也在不断优化。我国第一、二、三产业增加值所占比例从 1978 年的 27.7∶47.7∶24.6 调整到 2017 年的 7.9∶40.5∶51.6。在世界历史上,从未有过像我国这样人口众多、人均资源贫乏,而经济发展如此快速国家,堪称"中国奇迹"。新古典经济学中资源在市场中得到最优效率配置的理论却对我国经济增长的解释并不那么有效。从 20 世纪 90 年代开始,国内经济学界的众多学者分别从比较优势、后发优势、经济结构、发展战略、产业政策、制度演化、县域竞争等方面对我国的经济增长进行解释,但并没有一个决定性的论断。

近年来,我国的经济增速逐步放缓,去除价格因素影响,2015 年、2016 年和 2017 年我国的经济增长率分别为 6.90%、6.72% 和 6.86%,均低于 7%。同时,我国劳动年龄人口连续四年减少,老龄化不断加剧,每 6 个人中,就有约 1 个人年龄在 60 岁以上。随着人口红利的消失,长期以来依靠政府的产业政策、巨额的物质资本投资和低廉的劳动力发展起来的低附加值产品出口与固定资产投资发展模式难以为继。我国经济发展模式从物质资本投资驱动、劳动投入驱动转向创新驱动。创新驱动,不仅需要很多创新顶尖人才,而且需要一大批生产服务战线的技术人才。这样才能把众多的创新成果尽快转化为我国现实的生产力,如此,才能在未来的经济增长中尽可能多地依赖高素质人才与人力资本的增长。我国需要从一个低技能、低教育程度的低人力资本国家转变成一个高技能、高教育程度的高人力资本国家。

2010 年 6 月,我国政府出台的《国家中长期人才发展规划纲要(2010—2020年)》(以下简称《纲要》)中提到我国未来人才发展的战略目标,其中包括:到 2020年,人力资本的投资占 GDP 的比例将达到 15%,同时,人力资本对我国经济增长的贡献率将达到 33%,我国人才的贡献率将达到 35%。那么,这里要研究的问题是:以我国的国情和现有的基础条件,如何准确判断我国的人力资本存量和人力资本水平? 改革开放后我国的人力资本存量增加了多少? 人力资本存量的变动趋势和内部结构是怎样的? 我国人力资本对经济发展影响和贡献率如何? 我国人力资本积累和人力资本对经济增长的推动是否能达到《纲要》的设想? 我国各省、区、市的人力资本发展水平是否有差别? 各省、区、市人力资本发展和经济发展是否协调一致? 这是本研究需要解答的问题。

1.1.2 研究意义

正式的人力资本理论最早是由舒尔茨在 1960 年提出的,他用该理论解释了许多用传统经济理论无法解释的问题。其中最重要的是对"列昂惕夫之谜"的解释。"列昂惕夫之谜"是指俄裔美国经济学家列昂惕夫采用进口替代品的概念和用投入产出分析方法计算了 1947 年美国每百万美元进口产品与出口产品中含有的劳动数量和资本数量。按照一般经济学理论,美国应当进口劳动密集型产品,出口资本密集型产品,因为当时的美国拥有世界上最昂贵的劳动力和最密集的资本。但根据列昂惕夫的计算,现实情况与理论相悖。美国进口产品的资本密集度低于出口产品,这表明美国进口的是资本密集型商品,出口的却是劳动密集型商品,这个现象被称作"列昂惕夫之谜",令当时的经济学界大惑不解,舒尔茨提出的"人力资本"概念却能很好地解释"列昂惕夫之谜"。人力资本投资能够提高一个人的知识、技能并提高个人收益或报酬,这暗示着美国昂贵的劳动力蕴含着更多的人力资本,把这部分人力资本加到产品中,就会使得美国出口品的资本密集度高于进口品,即美国进口的是劳动密集型产品,出口的是资本密集型产品。同时,人力资本也可以解释许多诸如收入差异、区域经济差异等经济学现象,使得人力资本在经济学和其他诸多科学领域得到广泛应用。

随着对人力资本理论研究的深入和完善,越来越多的国家已经意识到依赖物质资本投入或增加简单劳动力已经无法保证经济的稳定增长了,高质量人力资本已经成为经济增长的重要引擎。当技术水平稳定不变时,增加投入才能提高产出,促进经济增长;当技术水平提高,劳动生产率上升时,一样的投入可以带来更多的产出,而技术水平提高本质上是由人或者说是由人力资本推动的,人才是科学技术发展的关键要素。所以,无论是作为内生要素还是外生要素,研究人力资本和经济发展的关系具有重要意义。

这里探讨了不同流派的人力资本存量测算方法,并用其中两种衡量了我国的人力资本存量水平,考察了改革开放以来我国教育、健康、培训、科研和劳动力迁移五种人力资本投资状态,明晰我国人力资本及以上五种人力资本的积累状况和变动趋势,将人力资本作为内生要素构建了经济增长模型,测算了人力资本对经济增长的贡献率。同时采用面板数据分析了我国地区间人力资本差异、人力资本和经济协调发展的耦合度,以上能为人力资本理论、经济增长理论等提供重要的理论参照和借鉴参考。同时也对今后我国制定国家和地区人才发展、教育卫生,以及劳动力迁移等政策提供可借鉴的数据支撑,从而提高我国人力资本对经济和社会发展的贡献。

1.2　人力资本及相关概念界定

在研究人力资本理论和人力资本与经济增长关系前要明晰人力资本及其相关概念,本节将对资本、人力资本和人力资本投资等相关概念进行界定。

1.2.1　资本及人力资本

在西方经济学中,最早对经济增长的研究起源于"资本投入论"。资本的含义可以归结为五个方面:第一,资本是最基本的生产要素,是促进经济发展的重要因素;第二,资本是有形的、实物的,尽管亚当·斯密在《国富论》中将人的能力也视作资本,但在经济学传统的主流观点中,资本就是指物质资本,即资金、材料、设备等物质资源;第三,资本具有投资性,资本的获得与积累都需要投入,表现为货币、时间或精力的成本;第四,资本具有产权性质,没有产权,资本对于使用者毫无价值可言;第五,资本具有价值,资本本身就是具有价值的存量,并且它会为产权所有者带来价值收益的回报。

在马克思主义政治经济学中,在某些层面上其对资本的理解与西方经济学存在共通之处。例如,马克思认为资本是一种运动中的价值,资本通过商品流通和货币流通的方式,依次表现为商品资本、生产资本和货币资本,这三种形式的资本都是实物资本,并且资本能为所有者带来剩余价值回报^①。但在对资本的认识上,马克思的观点和西方经济学的观点存在着重要差异。

西方经济学认为货币和生产资料这些实物本身就是资本,而马克思认为货币、生产资料和商品等实物只是资本所采取的形式,并不一定就能成为资本,只有当实物与实物所有者雇佣的劳动力相结合的时候,资本才可能会产生。劳动力这种商品能给资本家带来剩余价值。可见,在马克思的观点中,资本是一种无形的生产关系,只不过以有形的形式表现出来而已。

把资本当作一种生产要素,从研究其对经济增长影响的角度而言,凡是用于生产、扩大生产能力或能提高生产效率的物质及其载体,都可称为“资本”。在这里,我们可以把“资本”定义为:资本是人们为在将来获得收益,在一段时间内进行投资而得到的所有物。

想界定人力资本的概念必须搞清楚人力资本的内涵。人力资本的内涵包含以下三个方面的含义:一是人力资本是凝聚在具有劳动能力的劳动者身上的。劳动者的数量和素质二者缺一不可。二是人力资本必须通过投资才能形成。而这种投资的途径有多种,既有对劳动者脑力素质的教育、技能方面的投资,也有为维持劳动者健康,提高人力资本使用效率的医疗卫生投资,还有能使人力资本进行有效配置的投资,所有上述投资的总和才能共同构成人力资本。三是人力资本又是凝结于劳动者身上的知识、技能及健康素质。无论是衡量一个国家还是单个人的人力资本存量,一定要对以上诸多方面进行全面考察。

综合上述,我们可以总结得到人力资本的定义:所谓人力资本,是凝结在人身上知识、技能和经验的总和,人力资本可以在经济活动中给劳动力带来剩余价值,或者带来利润收益。所以,人力资本是通过教育、卫生健康、科学研究、干中学和迁移有效配置等途径积累的。简而言之,人力资本的基本特征有二:它是凝结在人身上的“人力”;它是可以作为获利手段使用的“资本”。

1.2.2　人力资本及人力资本投资

人力资本与人力资本投资有着非常密切的联系。一般而言,在人的生命周期

---

① 马克思,恩格斯,列宁,著.李竞能,纪明山,鲁明学,编.论英国古典政治经济学[M].北京:商务印书馆,1981:398.

中,凝聚在劳动者身上的人力资本是通过正规教育、培训或医疗卫生保健、科学研究和劳动迁移等投资渠道形成的。因为投资行为是经济主体为了获得一定收益而将现期资源经过投资行为转化为资本,所以,人力资本投资是人力资本形成的必由之路。萨缪尔森认为,对经济学来说,实际资本是由经济主体的投资行为形成的。此外,人力资本与人力资本投资的关系,还可以从人力资本存量与流量关系的角度来考察,现期人力资本存量是由往期的人力资本流量积累而成的,或者说人力资本是一种存量变量,而它的对应物,即流量变量就是人力资本投资。换言之,人力资本投资是人力资本的动态变化。

值得注意的是,同物质资本一样,人力资本在经过人力资本投资的积累过程中面临着投资损失,因为在投资过程中可能会因各种干扰而发生转移、浪费或损失,从而使流量变量向存量变量的转化失效或部分失效,所以当期的人力资本投资并不一定全部转化为人力资本。总体而言,无论是国家人力资本投资还是个人人力资本投资都是由多种投资途径形成的。

一是医疗保健的投资。人力资本中的医疗保健投资,一定是为保证劳动者的身体健康乃至心理健康,以便劳动者在自己的工作中正常发挥其工作能力的投资,这样的投资包括投资在人身上的医疗保健、卫生防疫、安全保护、劳动保护等多方面费用及其他方面的累加。而医疗保健投资最直接的效益主要是:保证劳动者正常的工作出勤率,保护和提高劳动者的体力、智力和精力等方面,还对人力资本的载体进行必要的养护。

二是正规教育的投资。人力资本中的正规教育投资是指人们接受学校正规教育,并获得系统专业技术知识的投资,包括未成年人接受初等教育和中等教育,以及成人脱产后到正规的大中专学校进行专科、本科乃至研究生学习的费用以及累加。正规教育人力资本投资的直接效益是,使得劳动者获得一定的系统的公共知识及劳动技能,在未来获得高级的工作能力。同时,强化和提高受教育者对工作和社会的责任感,获得社会的认同感和归属感。

三是在职培训的投资。人力资本的在职培训投资,一般是指为改善劳动者某些一般的知识和技能需要进行的不脱岗的比较短期的教育,这包括对一般公共知识技能以及专门知识技能的培训投资。同时,我们也不能忽视劳动者在工作过程中自发地获得劳动熟练度和工作效率的提高,即随着工作年限增加,在"干中学"中积累人力资本也是另一种在职培训人力资本投资。

四是迁移换岗的投资。人力资本的迁移换岗投资,一般是指为了使劳动者在一定范围内或岗位上实现合理流动以及配置的投资。显然,这种投资获得的人力资本,主要是通过合理换岗,才能使人力资本实现配置优化,使人的知识和技能发挥更大作用。值得注意的是,一般认为该种人力资本投资在当期折旧完毕,并不能积累到下一年份。

虽然以上几种人力资本投资凝聚在劳动者身上有不同的表现形式,但总的来说,它们之间相互联系、互相交错。例如,以上几种人力资本投资方式均能或多或少地促进劳动者的团队协作能力、管理能力、沟通能力、工作责任感、领导力等多方面能力和技能的发展。同时,通过正规教育和在职培训投资形成的人力资本都能提高劳动者的通用知识、技能及专业知识、技能,这些投资所带来的主要职能一定是互为条件的。一般而言,劳动者通过医疗保健投资,才可能获得健全的体魄和智力,才可能正常使用人力资本发挥自身知识和技能,也才可能通过多种人力资本的投资方式,继续增加专门知识技能等人力资本。

1.3 研究的逻辑框架和主要内容

本节详细介绍了研究的逻辑框架和主要内容,并附有框架图。

1.3.1 研究的逻辑框架

首先,本节从人力资本理论和经济增长理论出发,分析了我国人力资本存量水平,内容包括改革开放后我国历年各类人力资本存量和投资流量;其次,分析了改革开放后我国 GDP、物质资本和劳动力的历年变动状况;再次,构建了包含人力资本要素的经济增长模型,从而进一步分析我国人力资本对经济增长的作用;复次,建立了我国人力资本评价指标体系,并分析了各省、区、市的人力资本发展水平和人力资本发展与经济发展的耦合协调关系;最后,有针对性地提出促进我国经济发展,提高我国教育、卫生以及其他人力资本存量的建议和对策。研究的逻辑框架如图 1-1 所示。

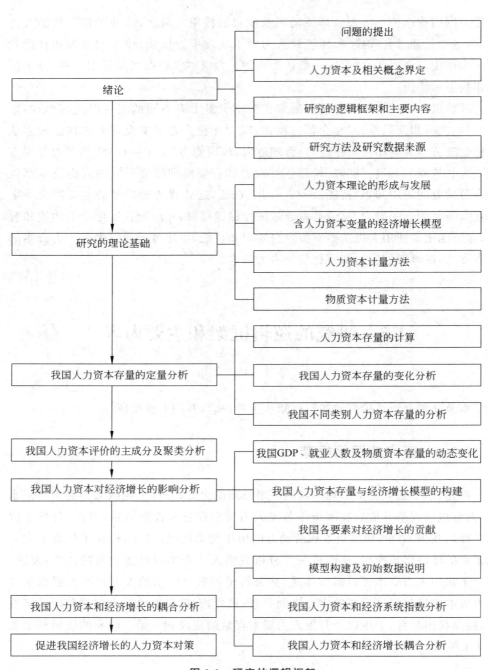

图 1-1　研究的逻辑框架

1.3.2 研究的主要内容

全书由绪论、正文、结论三大篇章,共五部分组成。

第一部分由第 1 章绪论构成。在绪论部分提出了本书的研究背景、研究意义,对本书涉及的资本、人力资本、人力资本投资等概念进行界定,以及阐述了本书的逻辑框架、研究内容、研究方法和数据分析来源等。

第二部分由第 2 章研究的理论基础构成。这部分梳理了人力资本理论的起源和发展,包括古典经济学和新古典经济学中的人力资本思想,以及现代人力资本理论的提出和发展历程,之后回顾了传统经济理论下的经济增长模型和包含人力资本要素的经济增长模型,以及人力资本和物质资本估算方法等。

第三部分由第 3~6 章构成,是本书的研究重点。第 3 章运用累计成本法分析了改革开放以来历年我国人力资本存量的动态变化,包括教育、卫生、培训、科研和劳动力迁移五类人力资本的存量与流量。第 4 章使用 SPSS 24.0 软件采用主成分分析法构建了我国人力资本评价指标体系,计算了我国 30 个省、区、市的人力资本发展水平并对其聚类,根据聚类结果按照人力资本发展水平不同将我国 30 个省、区、市(不包括西藏和香港、澳门、台湾地区)分为六类。第 5 章分析了改革开放后我国国内生产总值、劳动力的动态变化,并采用和人力资本计量相似的永续盘存法计算了历年我国物质资本存量,之后构建了人力资本对经济影响的回归模型,并计算了人力资本、物质资本和简单劳动的产出弹性及其对我国经济增长的贡献率。第 6 章分析了 2008—2017 年我国 30 个省、区、市的人力资本和经济发展水平及其动态变化,并构建了人力资本—经济的耦合协调度模型,根据计算结果将我国 30 个省、区、市两系统耦合度进行排序和分析。

第四部分由第 7 章对策和建议构成。本章根据第三部分作出的实证分析有针对性地提出了促进我国经济发展的人力资本发展对策,主要包括:建立健全立体多层次和可衔接的教育体系;深化基础教育改革,均衡基础教育区域发展;大力发展职业教育,调整高等教育结构;推动高校"产学研"一体化发展;鼓励高校和企业引进海外高层次人才;鼓励教育投资主体多元化,拓宽教育投资途径;完善医疗卫生服务体系;进一步缩小城乡医疗差距;推广全民健身运动;建立国民人力资本核算制度;推进低龄老年人力资本再开发;引导企业加大科技投入,建立健全企业科技创新长效激励机制;加强科技人才培养,提升科技人员水平;鼓励劳动力流动,深化户籍制度改革;消除就业性别歧视,创造公平的就业环境。

第五部分为结论。针对正文部分对人力资本的分析得到如下结论:我国总人力资本存量从 1978 年的 2 439.52 亿元增长到 2017 年的 130 910.42 亿元,人均人力资本存量从 1978 年的 253.43 元增长到 2017 年的 9 417.47 元。人力资本对经济增长的产出弹性为 0.172 1,人力资本对我国经济增长的贡献率从 1979 年的 12.91% 增长到 2017 年的 25.56%,翻了一番,人力资本在经济增长中的作用越发重要。在人力资本评价体系中,教育人力资本投入、卫生人力资本投入和科研人力资本投入是我国人力资本积累最重要的三种途径。从人力资本和经济发展地区差异来看,东部地区省份的人力资本发展和经济发展耦合度明显高于中部省份和西部省份,2008—2017 年人力资本和经济两系统平均耦合度最高的前三个地区依次是北京、江苏和广东。

1.4　研究方法及研究数据来源

1.4.1　研究方法

本书综合运用了多种研究方法,包括定性研究和定量研究,以对人力资本对经济增长影响的定量研究为主,具体研究方法包括文献研究法、理论研究法、数理统计法、实证分析法和逻辑推理法。

(1) 文献研究法。文献研究法主要是通过数据库检索,收集人力资本和经济增长相关研究资料。对已有的研究成果进行分析,对其做进一步的整理,厘清线索,发现不足,为研究提供思路和理论准备。

(2) 理论研究法。理论研究法主要对人力资本理论和经济增长理论的起源与发展进行深入的研究和深刻的理解,在此基础上构建出人力资本和经济增长的关系模型。

(3) 数理统计法。数理统计法主要运用 Excel 软件对数据进行处理标准化等预处理及初步分析,保证数据的科学性和准确性。

(4) 实证分析法。实证分析法主要运用 Eviews 8.0 软件和 SPSS 24.0 软件对标准化后的人力资本与经济数据进行回归分析、主成分分析、聚类分析以及两者的耦合度分析。

（5）逻辑推理法。逻辑推理法根据统计分析的结果，进行讨论分析，根据结论有针对性地提出对策和建议。

1.4.2　研究的数据来源

本书的基础数据来自历年《中国统计年鉴》《中国劳动统计年鉴》《中国农村统计年鉴》《中国人口和就业统计年鉴》，各地区统计年鉴。另外，本书采用的数据还包括《新中国五十年统计资料汇编》《新中国六十年统计资料汇编》《中国国内生产总值核算历史资料（1952—2004）》，还有一些数据来源于国家统计局网站。此外，一部分数据借鉴了一些专家的研究成果。

除了以上数据外，笔者还引用了以下各官方网站的数据，网址如下：

[1]　国家统计局.历年中国统计年鉴 [EB/OL].
http://www.stats.gov.cn/tjsj/ndsj/

[2]　国家统计局. 2016 年全国房地产开发投资和销售情况[EB/OL].
http://www.stats.gov.cn/tjsj/zxfb/201701/t20170120_1455967.html

[3]　2018 年民政事业发展统计公报
http://www.mca.gov.cn/article/sj/tjgb/201908/20190800018807.shtml

把人力作为可以带来收入的资本的观念最早来自 17 世纪的威廉·配第,他首次将人力资本的思想纳入国民收入计算,在统计学上体现了"人"的价值在国民收入中的作用。此后人力资本思想零散见诸古典经济学和新古典经济学理论研究中,直到舒尔茨在 20 世纪 60 年代正式提出了关于人力资本的相对完整概念。此后,众多经济学家又继续对人力资本、经济增长与人力资本的内在关系进行了深入而广泛的长期研究,从而拓宽并深化了人力资本理论概念的范畴。本章将重点评述人力资本理论的形成与发展,包含人力资本变量的经济增长模型及方法等内容,为本文后续的实证研究奠定理论基础。

2.1　人力资本理论的形成与发展

在经济学理论发展的整个过程中,人力资本的学术思想归纳起来,大致前后经历了古典经济学、新古典经济学再到现代人力资本理论这三个发展阶段。众多经济学家都对人力资本思想的发展作出了重要贡献,如古典经济学家亚当·斯密、大卫·李嘉图,新古典经济学家瓦尔拉斯和费雪,现代人力资本经济学家西奥多·舒尔茨、加里·贝克尔和雅各布·明塞尔等。本节将按时间先后顺序对人力资本思想理论的发展进行简要述评。

2.1.1　古典经济学的人力资本思想

早期的古典经济学是流行于 17 世纪中叶到 19 世纪中叶的经济学派,主张只有通过自由交易的市场机制来分配社会资源,才能达到个人利益和社会利益的和谐统一。古典经济学派的代表人物有英国的威廉·配第、亚当·斯密、大卫·李嘉图和约翰·穆勒等,德国的乔治·弗里德里希·李斯特等,法国的让·巴蒂斯特·萨伊等。

1. 威廉·配第的人力资本思想

威廉·配第是英国古典政治经济学的创始人和奠基者,英国学者埃里克·罗尔称配第为"替古典体系铺平道路的英国经济学者"[①]。同时,威廉·配第创立的劳动价值理论是配第经济理论中最重要的部分,对后世的经济学发展有着极为深刻的影响。配第认为,商品的价值取决于为生产该商品所投入的劳动量,换句话说,劳动是价值的源泉,土地与劳动一样,也是商品价值的决定者,并提出了"土地为财富之母,而劳动则为财富之父"的观点[②]。

通过比较英法两国综合经济实力,配第发现两国在社会生产力水平上存在差异,主要是由于土地等生产要素与劳动力人口的不同配置造成的。他认为一个国家财富的生产需要一定数量的人口来支撑,人口数量众多是一个国家国力强盛的重要标志,即人口的增加对新兴的资本主义国家以及资本主义经济发展是极为有利的。换言之,他认为人口稀少是穷困的真正根源,人口少的民族不能发展任何手工艺和技艺[③]。配第的研究不但重视人口的数量,还主张增加生产类人口,而且十分重视人口对国家的价值。他指出,人口对一个国家的价值不在于这个国家的自然人口数量,而在于它的社会数量,即创造财富的能力。

配第指出,自然人口中有许多儿童和其他不能从事劳动的人员,真正从事劳动

① 罗尔.经济思想史[M].陆元诚,译.北京:商务印书馆,1981:99.
② 配第.配第经济著作选集[M].陈冬野,马清槐,周锦如,译.北京:商务印书馆,2011:41-42.
③ 配第.赋税论[M].邱霞,原磊,译.北京:华夏出版社,2006:29-30.

的人口大约占自然人口的 65％,这使他得出了劳动人口才是"社会的真正支柱"的观点①。此外,他认为人口价值的大小可以以创造财富的数量来衡量,从而提出一种计算人口价值的方法。"……得 52 000 万镑,这个数目就是全部人口的价值,再将这个数字用 600 万来除,得 80 余英镑,这就是每个男、女、儿童的价值,而壮年人的价值等于这个数额的二倍。"②配第的可贵之处在于他强调劳动者的价值,把创造财富的劳动者看作社会的支柱。

2.亚当·斯密的人力资本思想

亚当·斯密是第一个将人力视作资本的经济学家。他在《国富论》中指出,资本分为两种:一种是流动的资本;一种是固定的资本。这里所说的固定资本,包括机器、建筑物、土地的改良和有用才能的获得。斯密认为人的学习的才能既是个人财产,也是社会财产的一部分③。"学习虽然要支付一定费用,但这种费用将来可以得到偿还,并创造出利润。"④因此看来,斯密已经意识到人的知识、经验和技能可以提高劳动者的生产能力并创造财富,学习与教育是提升劳动者生产能力的有效途径。同时,斯密认为从事不同职业的人所展现出的才能,主要是由于劳动分工和教育造成的,天赋的影响很小。"最不相同的人物之间的差异……更多的是由于习惯、风俗和教育所产生的。"⑤

斯密还运用教育费用补偿和收益理论来说明为什么制造业劳动者的工资比农村劳动者的工资高。制造业的学徒是抱着希望在以后提高工资的愿望(要超过一般劳动者的工资)来进行教育和培训的,这样才能补偿他教育的成本,"至少还要带来同等价值的资本所能带来的一般利润"。⑥ 其中就暗含着关于教育、干中学和在职培训形成人力资本投资的思想。虽然亚当·斯密的《国富论》通篇没有提到"人力资本"这个词,但他已经敏锐地意识到人的知识、技能和经验对提高劳动生产率的重要作用,以及对提高经济水平的巨大贡献。同时,教育、干中学和学徒制度等是形成人力资本的重要途径这一概念也渐渐得到明晰。

---

① 配第. 政治算术[M].陈冬野,译.北京:商务印书馆,1978:80-81.
② 配第. 政治算术[M].陈冬野,译.北京:商务印书馆,1978:33.
③ 斯密. 国富论[M].唐日松,等译.北京:华夏出版社,2005:207.
④ 斯密. 国富论[M].唐日松,等译.北京:华夏出版社,2005:208.
⑤ 斯密. 国富论[M].唐日松,等译.北京:华夏出版社,2005:14-15.
⑥ 斯密. 国富论[M].唐日松,等译.北京:华夏出版社,2005:79.

3. 让·巴蒂斯特·萨伊的人力资本思想

让·巴蒂斯特·萨伊是法国古典经济学派的代表人物,他驳斥了斯密的劳动分工论,认为斯密所说的"劳动是一切商品交换价值的真实尺度"[①]并不完全正确[②],但他承认人在生产中的作用不可替代。萨伊认为,人要有健康的体魄才能去从事简单的劳动,而培养一个人到成年的抚养教育支出是累积到个人身上的人力资本,在他的著作《政治经济学概论》中提到,"人类不是一生下来就拥有足够的体格、足够的力气来从事哪怕是最简单的劳动。他要长到15~20岁时才取得这种能力,所以可以把他当作是一项资本,这项资本是由每年用来抚养教育他成长的款项积累形成的"。[③]

萨伊指出,劳动所需要的技术不同是造成劳动者劳动利润不平均的重要因素。"无论是高级职业还是次要职业,任何职业所必须具备的技巧,只要是通过长期训练并付出昂贵培训费用才能获得时,这种培训必须每年或定期支付费用,这些费用的总和构成了累积资本。由此可见,酬劳不但应包括劳动的工资,而且要包括培训师预付的资本的利息。"[④]不仅如此,因为人的寿命具有不确定性,所以人力资本所获得的报酬应该高于单纯的抚养费用或教育费用的年利息。可以看出,萨伊对人力资本的概念和人力资本能动作用的认识比斯密更进一步。

4. 大卫·李嘉图的人力资本思想

大卫·李嘉图继承和发展了亚当·斯密的耗费劳动决定商品价值的理论,并运用这一理论来考察资本主义的一切经济范畴和规律。但与斯密不同的是,李嘉图认为商品的价值或者它可以交换其他商品的数量,由劳动的相对数量决定,此劳动量为生产该商品所需,并刚好等于生产时所支付的劳动力[⑤]。同时他也认识到劳动的异质性,各种不同的具体劳动必须相互比较,才能找出它们的共同点,才好计算它们含量的差异。

大卫·李嘉图提道,"当我说劳动是一切价值的基础,相对劳动量只是几乎唯

---

① 斯密. 国富论[M]. 唐日松,等译. 北京:华夏出版社,2005:24.
② 萨伊. 政治经济学概论[M]. 赵康英,等译. 北京:华夏出版社,2014:绪论15.
③ 萨伊. 政治经济学概论[M]. 赵康英,等译. 北京:华夏出版社,2014:307.
④ 萨伊. 政治经济学概论[M]. 赵康英,等译. 北京:华夏出版社,2014:301.
⑤ 李嘉图. 政治经济学及赋税原理[M]. 郭大力,王亚南,译. 南京:译林出版社,2014:37-38.

一决定商品相对价值的因素时，大家绝不要认为我忽视了劳动的不同性质，或是忽视了一种行业1小时或1天的劳动与另一种行业同等时间条件下的劳动相比较时的困难"。^①但大卫·李嘉图避开了一个问题，那就是劳动力对更高教育水平的需求问题。他虽然承认社会存在不同类型的手工熟练劳动，但他却认为不同质量的劳动力都是可以在工厂内部劳动中获得的，即对不同的社会劳动需要具备不同的专门技能的劳动力需求是无须借助正式的学校教育或训练来实现的^②，这在根本上与人力资本理论相悖。

马克思指出，"大卫·李嘉图的错误在于，他只考察了价值理论，因而只注意到不同的商品所代表的、它们作为一种价值所包含的物体化的相对劳动量。但不同商品所包含的不同劳动，必须要表现为社会劳动，表现为异化了的个人劳动。在价格方面，这种表现是抽象的，只有通过买卖才能表现出来。要把商品中包含的单个人的劳动转化为具有统一性的社会劳动，从而转化成可以表现在所有使用价值上，可以与所有使用价值相互交换。所以在交换价值的货币表现中包含这个问题本质的方面，李嘉图没有加以具体阐述。商品中所包含的劳动必须要表现成统一的社会劳动，即货币，这一方面被李嘉图忽视掉了"^③。

5. 乔治·弗里德里希·李斯特的人力资本思想

乔治·弗里德里希·李斯特是德国历史学派的先驱者，他对人的精神生产力高度重视。李斯特将生产力分为物质力量和精神力量，这里的生产力是指"国家生产力"。"国家生产力的来源是每一个人的身心力量总和，是个人的社会状况，是国家的政治状况和制度状况，是国家所掌握的全部自然资源，或者是国家所拥有的作为个人一切身心努力结果的物质产品的工具。"^④由此看来，李斯特已经模糊地意识到生产力包括人的因素和物的因素。他批评斯密的经济学研究只限于创造物质价值的所谓活动，他对将体力劳动看作唯一的生产性劳动，而不把科学家、教育家的劳动算作生产性劳动的观点感到气愤。

李斯特在著作中提出"古典学派只单纯地把体力劳动者看作是社会唯一的生

---

① 李嘉图. 政治经济学及赋税原理[M]. 郭大力，王亚南，译. 南京：译林出版社，2014：15.

② 李嘉图. 政治经济学及赋税原理[M]. 郭大力，王亚南，译. 南京：译林出版社，2014：17.

③ 马克思. 剩余价值理论[M]. 中共中央马克思恩格斯列宁斯大林著作编译局，译. 北京：人民出版社，1975：140-141.

④ 李斯特. 政治经济学的国民体系[M]. 邱伟立，译. 北京：华夏出版社，2013：192—193.

产力,所以他们认为牛顿、瓦特和开普勒这些人所创造的生产性会不及一匹马、一头驴或一头拖重的牛"①。他认为,脑力劳动、管理、教育等方面,都应该包括在生产力之内,所有这些才是人类的知识积累所创造的生产力,而精神资本的重要性在于增加精神资本可以促进物质资本的使用,他提道,"一个国家只要通过改进社会和智力的条件,就完全能够运用现有的物质资本,使生产力直接提高10倍"②。同时,李斯特也指出教育是使一国精神资本得以延续的主要手段,国家应重视教育。他指出,"一个国家最大部分的投入或消耗,应该用在对下一代的教育上,应该用在国家未来生产力的促进和培养上"③。

6. 约翰·穆勒的人力资本思想

约翰·穆勒是古典经济学的折中调和主义者,他在《政治经济学原理》中对李嘉图经济学作出了修正,并在经济理论分析中加入了大量对人类福利的关注。他认为人力资本可以通过技术革新进步这一方式很好地作用在生产力提升上,即人力资本提高就是生产力的提高,是经济发展的要素之一。"工人灵巧的双手、管理者的才智以及有关自然力和物体性质的知识会使同样数量和同样强度的劳动生产出更多的产品。"④

穆勒的著作从生产劳动的全新角度对人力资本投资的具体内涵进行了明确界定,他认为除了学校教育和专门的培训外,家庭的教育培养、医疗卫生保健也是保障社会生产的必备条件。为此,社会总体在以上三个方面所耗费的劳动都属于人力资本投资的重要组成部分。另外,他在对人力资本投资收益问题进行分析时提出,要将劳动力市场存在的供需结构视为重要影响因素。因为劳动者学习技能机会的不平等会导致高技能工人处于高高在上的自然垄断地位,这样他们在补偿了人力资本投入后,往往都能获得高于一般劳动者工资水平的回报收益。因此,以上穆勒的观点进一步扩展和有效深化了古典经济学者对人力资本投资的思想认知。

从以上几位早期经济学家的观点我们可以看出,早期经济学家已经开始认识

---

① 李斯特. 政治经济学的国民体系[M]. 邱伟立,译. 北京:华夏出版社,2013:126.
② 李斯特. 政治经济学的国民体系[M]. 邱伟立,译. 北京:华夏出版社,2013:224.
③ 李斯特. 政治经济学的国民体系[M]. 邱伟立,译. 北京:华夏出版社,2013:123.
④ 穆勒. 政治经济学原理及其在社会哲学上的若干应用[M]. 胡企林,朱泱,译. 北京:商务印书馆,2009:131.

到人的作用,并认识到个人、家庭和国家对劳动者的家庭抚育、教育、在职培训等方面进行投资可以直接或间接地提高生产率和生产水平。

归纳起来可以看出,古典经济学派强调了知识的重要性,他们认为知识可以创造和提升生产力。古典经济增长理论一般把土地、人力(劳动)和资本品作为促进经济增长的三个主要因素,同时他们也认识到日益深化的社会劳动分工是社会经济发展的根本动力。关于社会分工,我们知道它是由劳动者知识的深度化、专业化所决定的,而获得专业的知识要通过专门的教育和培训,需要投入时间和金钱等物质资本,这种方式的投资不但能增加劳动者个人的收入回报,而且对整个社会生产力的发展也是非常有益处的。

但是,古典经济增长理论并不完美,他们的这些朴素人力资本思想,只是零散地见诸各位经济学家的著作中。就他们中的任何一位或其著作而言,并没有形成明晰、完整的人力资本理论。另外,关于人力资本在经济增长中的具体贡献也只是浅尝辄止。此外,古典经济学研究人力资本理论时,几乎全部使用的是静态经济学的研究方法,这也使得他们的研究成果只能用定性的方式粗略地描述各个因素对经济增长所起的作用,并不能从数量上更为精确地描述出各个因素对经济增长的贡献大小。

舒尔茨总结道,在早期的经济理论研究中,虽然有许多经济学家认识到人在经济活动中的重要作用,分析了人力投资的现实意义,但对人力资本的研究一直处于次要地位,很少纳入经济学的核心内容。但古典经济学派的研究成果依然有它不可忽视的宝贵价值,他们通过对当时经济社会中的案例分析和论述,对现代人力资本理论研究起到引领作用,成为此后新古典经济学、现代人力资本理论研究的原点和出发点。

2.1.2　新古典经济学的人力资本思想

新古典经济学派时期,广义地指自 19 世纪 70 年代的"边际革命"以后到 20 世纪初的时期。新古典经济学派的人力资本思想,主要涉及瓦尔拉斯、费雪和马歇尔等经济学家。

1.瓦尔拉斯的人力资本思想

瓦尔拉斯是 19 世纪晚期西方边际效用价值论的奠基人之一。瓦尔拉斯不同意一般经济学家把生产要素分为土地、劳动和资本的做法。他认为劳动是人力的服务,不能将劳动同土地、资本并列,而是应当与土地所提供的土地服务和资本品所提供的资本服务并列①。瓦尔拉斯把资本定义为可以连续多次使用的耐用品①,他把资本分为三类,分别是土地资本、人力资本、狭义资本②。

在提到人力资本时,瓦尔拉斯写道:"人和土地一样属于自然资本,但是是可灭的。也就是说,由于使用不当或意外事故会毁灭掉。这一辈人逝去了,但是通过繁衍生息、代代相传,新一辈人又出生了。因此,人口的数量不是固定不变的,而是在某些条件下可以无限制地增长的。"③他在后面特别补充说明,"属于这一类型的人力资本的例子是游民、仆人、公务员,等等"③。通过他的描述我们可以看到,虽然瓦尔拉斯使用了"人力资本"一词,但他只是简单地将人本身等同于劳动,把人力资本的数量等同于人口数量,并没有论述人力资本是如何形成的,也没有讨论人力资本对生产率和生产水平的影响。

2. 费雪的人力资本思想

费雪是19世纪末美国著名的经济学家,他对人力资本概念的出现起到了极为重要的作用。费雪修订了资本的概念,他认为资本是未来收入的折现,资本的价值体现在它可以在未来创造收入,资本的价值是由这一预期收入的折现求得的④。同时,费雪提道,"财富是由人类所占有的实质物体构成的……包括人类本身"⑤。根据他对资本的重新定义,人力资本被划入资本的范畴。费雪认为,健康是国家的一种财富,一种人力资本。费雪建议采用法尔的将净收入资本化的方法来估计人力资本价值,他通过运用经调整的法尔的估计方法计算了美国人均人力资本价值,并将这一数值乘以总人口,得到了考察年的现存人力资本存量的最低估计。

费雪将人力资本的概念纳入一个严谨、系统的资本与利息理论的统一框架中,并肯定了对人力资本价值的核算,可以说他对后来人力资本理论发展有举足轻重的影响。因此,后来的人力资本理论学者如舒尔茨和明塞尔都十分肯定费雪对人力资本理论的贡献。但当时的主流经济学家马歇尔不同意费雪的关于资本和人力

---

① 瓦尔拉斯. 纯粹经济学要义[M]. 蔡爱百,译. 北京:商务印书馆,1997:212.
② 瓦尔拉斯. 纯粹经济学要义[M]. 蔡爱百,译. 北京:商务印书馆,1997:218.
③ 瓦尔拉斯. 纯粹经济学要义[M]. 蔡爱百,译. 北京:商务印书馆,1997:220.
④ 费雪. 利息理论[M]. 陈彪如,译. 北京:商务印书馆,2013:11.
⑤ 费雪. 利息理论[M]. 陈彪如,译. 北京:商务印书馆,2013:11-12.

资本概念的划分,马歇尔对费雪的资本定义是这样评论的:"从抽象的数学观点来看,他(费雪)的论点是无可争辩的。但他似乎很少考虑到哪种合乎市场用语的现实讨论的必要性,也似乎忽略了贝奇特的警告,即'以固定使用的有限词汇来表示复杂事物的不同意义'。"①

3. 马歇尔的人力资本思想

马歇尔是新古典经济学派的主要创始人之一,他是在现代人力资本理论形成之前,全面论述人力资本的特征、教育和培训等问题的一位著名的经济学家,但马歇尔对人力资本的研究是矛盾的。马歇尔的观点是把人具有的能力分为"一般能力"与"专门能力"。"一般能力"是指"在不同的程度上作为所有高级工业生产所需的共同特性才能以及一般性的知识、智慧"②,"专门能力"是指个别特殊行业对人要求的一种特殊的能力。而随着工业机械化发展和教育的普及,专门能力在生产上变得越来越不重要。生产效率的提高,主要是指依靠教育和培训来提高劳动者的一般能力。因此,马歇尔认为,教育和培训对人具有非常重要的经济价值,普通工人的孩子往往在接受初等教育后就辍学了,这不利于他们发挥出最好的才能。

同时,对教育而言,不能依靠直接结果来评价公共教育投资和个人教育投资是否合理,教育的意义在于它可以使本来平平无奇的人有更多的机会或更多的可能在劳动中发挥出他们潜在的能力。马歇尔说:"产生一个伟大工业天才所带来的经济价值,足以抵偿整个城市投入的教育费用。……如果运气更好一点,能培养出像牛顿、达尔文、莎士比亚或贝多芬那样的人,那么我们可以乐观地认为在过往的许多年里,我们为大多数人投入高等教育所花的一切费用,都足以得到补偿了。"③可以看出,马歇尔认为教育的效果不是直接的,而是开发出受教育者的潜能和一种"孜孜不倦的精神"④,在劳动者以后的职业生涯中可以提高工作效率。

但是,马歇尔却反对"人力资本"这一概念,认为人是不能用来买卖的。他在对"财富"和"资本"的概念界定中,就有意摒弃了人力资本的思想,他认为不能把人视为和机器、设备等物质生产资料等同的资本。由于马歇尔是当时经济学界的权威,所以他的观点给人力资本理论发展带来了一段时期的消极影响。在后来舒尔茨在

① 马歇尔.经济学原理:上[M].廉运杰,译.北京:华夏出版社,2013:62.
② 马歇尔.经济学原理:上[M].廉运杰,译.北京:华夏出版社,2013:180.
③ 马歇尔.经济学原理:上[M].廉运杰,译.北京:华夏出版社,2013:187.
④ 马歇尔.经济学原理:上[M].廉运杰,译.北京:华夏出版社,2013:179.

对马歇尔的人力资本思想评价中提到,虽然马歇尔等经济学家从数学或抽象的角度已经认定人是资本,也承认对人力资本投资具有现实意义,但从市场分析的实际角度来看,把人当作资本来看又是不妥当的。鉴于马歇尔在经济学界的权威地位,他的这一观点被大多数人所接受,也让人力资本的理论在很长时间内极少被纳入经济学的核心内容中[①]。

尽管马歇尔等人对人力资本思想进行了大量论证,证明对人本身的投资是最有价值的投资,但这些西方经济学家的人力资本思想并没有形成系统的、科学的人力资本理论。原因有三:一是 20 世纪前的经济状况没有形成对人力资本理论的迫切需要。当时的西方主流经济学界认为人的技能是和劳动相关的,而 20 世纪前,人们所储备的知识以及技能的发展还没有对劳动能力产生显著影响,对经济发展起着最大作用的还是物质资本,譬如原材料、货币、机器设备等。二是许多经济学家把劳动看作和资本无关的另一个生产要素,这样有利于简化经济分析。三是许多经济学家出于道德或哲学的思考,认为将人等同于资本和财富,是一种奴隶制的思想,是对人格的贬低。

2.1.3　现代人力资本理论

现代人力资本理论大约形成于 20 世纪 60 年代,这一理论在这个时期出现并不是偶然,这和当时的社会经济背景密不可分。在第二次世界大战后的几十年中,诸如日本和德国等国家的经济快速恢复与发展;同时,一些较为缺乏自然资源的国家和地区,如瑞士、新加坡、韩国、中国香港、中国台湾也同样在经济方面取得了令人瞩目的成绩。所以,无论是第二次世界大战后国家还是新兴经济体,这些国家和地区都缺乏重要的生产要素,它们的经济增长并不符合"李嘉图式"的物质资本投入带动经济增长的理论。同时,20 世纪 50 年代,研究美国国内经济增长的一些经济学家发现,美国的经济发展数据也有许多传统经济理论无法解释的现象。

一是资本收益率的长期变动问题[②]。传统经济理论认为,资本收益率比例将随着经济的增长而下降。但库兹涅茨的研究发现,美国经济增长的同时,资本投资

①　舒尔茨.论人力资本投资[M].吴珠华,等译.北京:北京经济学院出版社,1990:3.
②　舒尔茨.论人力资本投资[M].吴珠华,等译.北京:北京经济学院出版社,1990:5.

速度却下降了。美国的资本产出比从 1850 年的 3.5 下降到 1950 年的 2.7,减少 23%[①]。

二是国民收入的增长与生产要素投入增长的比较方面的问题。根据传统的经济学理论,国民收入的增长和生产要素投入的增长将同步进行,但大量研究数据表明,美国国民收入的增长速度要比土地、实际劳动量和再生产性资本等生产要素总和投入增长快得多[②]。

三是工人的实际工资大幅增长问题。数据显示,从 1900 年到 1976 年,美国工人的实际工资增长了 5 倍以上[③]。根据传统经济理论,"劳动收入的增长基本依赖于劳动生产率价值的调高",工人的实际工资不可能出现大幅度增长。而事实是美国工人的实际工资出现了大幅度的增长。"难道这是额外的收入吗?"[④]传统经济学理论无法回答这个问题。

四是"列昂惕夫之谜"。根据经济学中传统生产要素禀赋理论,资本存量大的国家最应该出口资本密集型产品,同时进口劳动密集型产品,而列昂惕夫的研究发现美国的对外贸易状态却相反,劳动力价格昂贵的美国,其进口的是资本密集型产品,出口的却是劳动密集型产品,实际与理论相悖。这些令人费解的经济现象为人力资本理论的提出和发展创造了新的机遇。在这样的背景下,涌现出了一批对现代人力资本理论的形成、发展、逐步完善作出卓越贡献的经济学家,包括西奥多·舒尔茨、加里·贝克尔、雅各布·明塞尔、爱德华·丹尼森等。

1. 西奥多·舒尔茨的人力资本理论

西奥多·舒尔茨是美国著名经济学家,人力资本理论之父,1979 年的诺贝尔经济学奖获得者。1960 年,舒尔茨曾在美国经济协会的年会上作"人力资本投资"的主题演讲,引起理论界的巨大轰动。该演讲刊登在 1961 年的《美国经济评论》上,在文章中舒尔茨提出了人力资本概念、人力资本投资途径和人力资本对经济增长的作用等人力资本思想。

舒尔茨提出了广义的资本概念,他提出资本有两种形式:一种是物质资本,它

① 库兹涅茨. 现代经济增长:速度、结构与扩展[M]. 戴睿,易诚,译.北京:北京经济学院出版社,1989:67.

② 舒尔茨. 论人力资本投资[M].吴珠华,等译.北京:北京经济学院出版社,1990:6.

③ 舒尔茨. 论人力资本投资[M].吴珠华,等译.北京:北京经济学院出版社,1990:205.

④ 舒尔茨. 论人力资本投资[M].吴珠华,等译.北京:北京经济学院出版社,1990:7.

表现为具体的物品或产品;另一种是人力资本,它体现为劳动者的数量和质量,两者共同构成国民财富。传统经济理论对把人当作资本的学说退避三舍,认为把人当作一种纯粹的物质要素,把人当作物品一样买卖是对人格的贬低,对人身自由的侵犯。舒尔茨纠正了这一观点,他指出人力资本的概念并不违背人本身不可买卖的道德观念,相反,劳动者提高个人知识和技能是为了增加收入与扩展职业发展道路,这正是一种个人的自由选择,也符合约翰·穆勒的"财富是为了人而存在"的思想。

人力资本理论可以很好地解释之前提到的传统经济理论无法解释的一些问题。对日本和西德在第二次世界大战后经济的复苏与增长,舒尔茨认为其发展的根本原因在人,即人力资本。虽然第二次世界大战极大地破坏了两国的物质资本,但其人力资本并没有完全被破坏,再加上这两国一直拥有重视教育的国策,为经济快速复苏提供了大量高质量的劳动力,使得两国经济在高技术和高劳动生产率下得以迅速复苏与发展。关于资本收益率的问题,舒尔茨认为投入产出比的变动一方面是源于规模性收益;另一方面是由于人力资本的提高所带来技术进步的结果。这使得单位资本、劳动和土地可以得到比之前更高的产出。关于"列昂惕夫之谜",按照人力资本理论,美国的劳动力虽然昂贵,但是美国劳动者的技能非常熟练,换言之,美国的人力资本很丰富。如果在资本要素中把人力资本考虑在内,对外出口产品的资本和劳动比率就会变小,即美国实际上出口的是资本密集型产品。

舒尔茨认为人力资本是促进国民经济增长的主要原因。大部分经济学家只使用了狭义的资本和劳动概念来测算经济增长率,所以出现了经济增长率大于可测算的主要资源增长率现象,使用这种估算方法将这些资源在质量上的许多改进都排除在外了,而大量数据和研究表明,人力资本增长、人口质量提升才是各国经济增长的源泉[①],其主要原因是人力资本能够改善物质资本的收益率,并且两者的收益率是相关的,人力资本和物质资本的相对投资是由其收益率决定的。

当人力资本收益率和物质资本收益率相等时,我们认为对人力资本和物质资本的投入处于最佳均衡状态;当物质资本或人力资本收益率低时说明投资过多,应适量减少投资;当物质资本或人力资本收益率高时说明投资不足,应追加投资。一国的受教育水平和科技水平越高,其人力资本质量和人力资本存量越大,其劳动生产率和人均产出就越高。舒尔茨认为,在低收入国家,只要没有不稳定的政治因素

---

① 舒尔茨. 论人力资本投资[M]. 吴珠华,等译.北京:北京经济学院出版社,1990:20.

的干扰,对人力资本的投资能够提高物质资本的使用效率,提高劳动生产率,促进经济发展,消除贫困,通过人力资本投资可以极大地促进经济繁荣和增加贫困人口的福利。在发达国家,因为社会和经济发展,物质资本投资收益率是下降的,而人力资本处于投资不足的状态,必须增加人力资本投资,通过增加人力资本投资,可以提高知识水平,提高人口质量。

舒尔茨认为人力资本是凝聚在劳动者本身的一种资本,它是包含所有劳动者自身的能力、技术、知识、健康的总和。事实上许多消费支出是对人力资本的投资,但这些都没有被列入国家统计[①],而区分消费支出和人力资本投资支出又是十分困难的[②]。同时,舒尔茨批判了传统经济学劳动同质化的思想,他认为,肯定人力资本和非人力资本之间的差别是进行准确经济分析的重要前提,人力资本和非人力资本都是由多种不同的资本形态构成的,有明显的异质性[③]。舒尔茨指出,人所表现出来的经济才能不是与生俱来的,而是通过参与、从事带有投资性质的活动一步一步发展起来的,而这方面的人力资本投资,是造成大多数劳动能力差异的主要原因[④]。

舒尔茨将人力资本投资途径划分为五种,分别是正式教育、医疗和保健、在职培训、非企业组织的成人学习项目、个人和家庭为适应就业机会的变化而形成的迁移活动[⑤]。通过正式教育和在职培训这两种途径可以有效提高劳动者的知识储备、技能获得和工作熟练程度,从而提高劳动力质量。医疗和保健可以降低人口死亡率,提高劳动者的身体素质,延长人力资本即劳动者的寿命,降低人力资本的折旧,从量和质两方面来保证人力资本水平,促进劳动生产率的提高。

舒尔茨认为的非企业组织的成人学习项目,多为农业技术推广项目,如农闲时的短期农业技术培训等;劳动者迁移包括国内劳动力迁移和国际劳动力迁移,即个人和家庭为获得更好的生活以及就业机会而进行的迁移,这包括人事费用以及迁移费用等,人力资本不能自由流动会造成人力资本无法达到最优配置。同时,舒尔茨认为科学研究也是一种重要的人力资本投资,他认为科学研究主要用来发现和发展新信息,而新信息可以转变为掌握这类技能的人力资本形式和转变为新产品

---

① 舒尔茨. 论人力资本投资[M]. 吴珠华,等译.北京:北京经济学院出版社,1990:1.
② 舒尔茨. 论人力资本投资[M]. 吴珠华,等译.北京:北京经济学院出版社,1990:8.
③ 舒尔茨. 论人力资本投资[M]. 吴珠华,等译.北京:北京经济学院出版社,1990:6-8.
④ 舒尔茨. 论人力资本投资[M]. 吴珠华,等译.北京:北京经济学院出版社,1990:17.
⑤ 舒尔茨. 论人力资本投资[M]. 吴珠华,等译.北京:北京经济学院出版社,1990:9-10.

的非人力资本形式①。

这种革命性的人力资本理论,不仅使得人在生产中的决定性作用突出表现出来,使得资本理论、增长理论和收入分配理论得到深化,为新古典经济学的发展提供了理论基础,而且也为经济和社会的可持续发展指明了方向。

2.加里·贝克尔的人力资本理论

加里·贝克尔对人力资本理论最重要的贡献是为人力资本理论提供了坚实的微观经济分析基础,将新古典经济学的理论运用到实证分析人力资本各项投资及其收益率、人力资本与经济增长、人力资本与家庭生育、收入分配模式、年龄与收入的关系、男女所受教育的不平等以及失业持续时间等,并形成了重要的人力资本生产分析理论、人力资本收益分配分析理论,以及人力资本与职业选择分析理论等重要内容。

贝克尔认为教育和培训是最重要的人力资本投资,人力资本投资可以持续促进国家经济增长,历史上没有哪个国家是在不对劳动力进行投资的情况下实现经济增长的。他指出人力资本提高是第二次世界大战后许多国家经济发展产生"索洛余值"的最根本原因。传统经济理论认为人均收入的增长来自土地和物质资本的增长,但随着投资回报率递减,无法保证人均收入的持续增长。贝克尔认为,过去100多年美国、日本和欧洲等国家和地区人均收入的持续增长主要来源于人力资本,即知识、技能的增长和科学技术的发展传播,使得科学家、技术人员、管理人员等系统地将知识运用于产品生产。

贝克尔指出持续保持人均收入增长的国家和地区都加大了对教育和培训的投入,包括小学教育、中学教育、大学教育、一般性培训和专业培训等。贝克尔特别提到了"亚洲四小龙"和南美的巴西,将其作为正反两个例子加以说明。"亚洲四小龙"缺乏自然资源,所有能源几乎都依赖进口,但是在发展初期它们都采取了大量消除文盲,显著提高低阶层受教育水平的政策,使得这些国家和地区依赖这些受过良好教育和培训、有责任心的劳动力发展起来。而南美的巴西完全相反,教育投入不足,造成社会收入分配悬殊,犯罪率高,加剧了社会动荡。贝克尔认为人力资本投资能够促进经济增长和产业发展,包括农业、制造业和服务业的产业发展。

贝克尔把人力资本投资界定为"通过增添人身上具有的资源,来影响人未来的

---

① 舒尔茨.人力资本投资——教育和研究的作用[M].蒋斌,张蘅,译.北京:商务印书馆,1990:95.

货币收入以及心理收入的活动"①,包括教育和培训、保健的购买,花费时间来寻求收入最佳的工作职位(而不是碰到什么工作机会就干什么),迁居以及主要为了从中学到东西而接受一种低收入的工作等。这些形式的投资活动尽管在对个体收入与消费的影响、一般性投资量的影响、回报量多少的影响以及投资与收入之间的联系紧密程度的影响方面都不尽相同,但所有这些方面的投资活动都能不同程度地提升人的技能和素质,丰富人的知识阅历,进而增进人的身心健康,以及提高人的货币收入或心理收入。

和物质投资一样,这些人力资本投资也将产生未来的收入流。人力资本投资也涉及成本问题和时效性,其中最重要的可能是时效性,在获得人力资本之前会失去当前的收益。贝克尔认为人力资本投资需要均衡短期收益和长期收益,收集信息或情报之类的行为同样要归为人力资本投资的范畴,这些都具有潜在的经济价值。通常情况下,一个人的收入会随着他年龄增加而增长,而在同龄组中进行横向的比较会发现,受教育水平越高的人,他的收入也会越高。

同时,人力资本投资同样受到生命周期的影响,人的死亡率和发病率越低,预期寿命剩余越长,人力资本投资的预期回报率越高。贝克尔认为年轻人更愿意通过教育、在职培训和为获得更好的工作机会进行迁移,不是因为年轻人更愿意学习,而是因为年轻人的预期剩余寿命更长,人力资本投资回报率更高,所以他们更愿意进行人力资本投资。那么在什么情况下选择投资人力资本呢?只有当某项投资的未来预期收益大于其他项目收益,或是大于为此项投资所付出的成本时,人们才会有兴趣进行这项投资。

贝克尔考察了正规教育对美国收入和劳动生产率的影响,其中美国大学生的教育平均年回报率为10％～12％,而白人男性回报率最高,大学肄业生、有色人种和农村的大学毕业生回报率次之②。贝克尔的研究发现,大学教育的收益率在不同群体和群体内部的变动都非常大,同时,教育的获利期长达20～25年,这种长期复杂性使得对教育收益的预测越发困难。从长期看,劳动者在他的整个职业生涯中面临的职业和市场经济变动都是非常大的,因此,只有"通才教育"才能使劳动者具备获得大部分收益的优势,这对家庭和国家教育政策都具有非常重要的意义。

---

① 贝克尔. 人力资本:特别是关于教育的理论与经验分析[M]. 梁小民,译.北京:北京大学出版社,1987:1.

② 贝克尔. 人力资本理论:关于教育的理论和实证分析[M]. 郭虹,等译. 北京:中信出版社,2007:176.

贝克尔还从微观角度对家庭生育行为的经济决策进行了详细的实证分析,提出了养育孩子的直接成本和间接成本、家庭的时间价值和时间配置、家庭中市场活动和非市场活动等概念,并解释了人力资本投资和人口增长之间的关系。他认为,发达国家生育率的下降有两个原因:一是随着经济增长,已婚妇女的时间价值的提高导致养育孩子的数量下降而质量提高;二是随着经济增长,家庭时间价值的提高,养育孩子的成本包括直接成本和间接成本的增加造成家庭生育孩子的数量下降。对于发展中国家如何降低生育率的问题,贝克尔提出的建议是国家应采取措施降低每个家庭对孩子的投资成本,提高工资标准,加大人力资本投资,促进生产率提高而降低人口生育率。

贝克尔还研究了人力资本投资和家庭代际传递的关系,他用数学方法建立了一个关心子女福利的父母在家庭行为中如何实现自己效用的最大化的模型,该模型描述了收入、资产和消费在代际的传递,该模型的前提是子女会继承父母的禀赋,不同代际的收入变化取决于禀赋的可继承性。贝克尔指出,对于贫困家庭而言,资本市场的限制也会使贫困家庭减少对子女的投资,使得对子女进行教育等人力资本投资是非常困难的。家庭代际收入变化受家庭子女数目的影响,一个家庭子女数目的增加必然导致对单个子女人力资本投资的减少。

家庭资产充当了抵消禀赋回归的"缓冲器",收入高的成功的父母会将资产留给子女,这样可以消除子女预期收入向下朝均值回归的趋势,而没有资产留给子女的贫困家庭和中等收入家庭的人力资本投资边际回报率更高,所以这些家庭的消费更趋向上朝均值回归。此外,贝克尔的研究还发现,在美国等发达国家,收入和资产向均值回归的趋势非常明显,祖先收入的优势或劣势在三代之内几乎荡然无存。同时,这也意味着减少生育子女数目和投入教育的经费与补贴的增加,会进一步消除可继承的禀赋作用和对子女进行人力资本投资的资本限制作用。

3. 雅各布·明塞尔的人力资本理论

雅各布·明塞尔自 20 世纪 60 年代以来和其他几位经济学家一起开创并系统地发展了人力资本理论与分析方法,包括人力资本和收入分配、劳动市场与家庭决策、经济增长对人力资本的形成和利用的影响等内容,推动了现代人力资本理论的发展。雅各布·明塞尔认为,人力资本理论对经济学的贡献不是重构经济理论,而是拓展了经济学的边界,人力资本既可以解释宏观国民经济增长过程,又可以解释微观个人的收入分配差异。

明塞尔指出,人力资本和经济的同时增长是保证经济可持续发展的必要条件,从总量生产函数结构可以看出,人力资本的增长既是后一阶段经济增长的一个条件,又是前一阶段经济增长的一项结果①。人力资本的增加会进而提高物质资本的边际效应,进一步地提高产出,反之,物质资本的积累可以提高人力资本的边际效应,如果人力资本投资和物质资本投资具有很强的互补性,那么物质资本的积累会增加对人力资本的需求,从而使学生或技术工人有动力去获取更高的人力资本。这样,人力资本理论可以很好地解释美国第二次世界大战后推行的"马歇尔计划"②的成功和发达国家对某些发展中国家援助的失败。第二次世界大战后的西欧依旧保留着技能丰富的人力资本资源,缺少的仅是物质资本的投资。而对发展中国家的物质援助因为没有足够的人力资本去支撑,造成物质资本投资的浪费。

明塞尔认为对人力资本的投资包括教育、培训、迁移、医疗保健等。教育投资包括抚育儿童和开发儿童潜力的学前教育与正规教育,职业培训和为寻求更优工作机会的努力与迁移将发生在整个就业阶段,而医疗卫生保健投资则要伴随人的终身,需要将人力资本投资纳入生命周期表中计算,其中明塞尔特别提到这些人力资本投资中也含有折旧③。

明塞尔在人力资本理论的研究上,利用人力资本理论很好地阐述了收入的决定因素和导致收入产生差别的具体原因、规律等一系列问题。在明塞尔之前的大多数经济学家认为劳动者的收入差异是来自劳动者的运气、劳动者的能力和劳动者所接受的遗产和馈赠等。明塞尔认为,对于这种收入差别,诸如强调"能力"分布的生物学模型、强调"阶级"的社会学模型、强调"机会"的概率论模型或单纯对于观察到的分配进行统计描述的模型等,都未能给予令人信服的说明④。

明塞尔的研究表明,人力资本的投资差异,特别是劳动者所接受的正规学校教育,以及工作经验的积累才是劳动者收入差异的决定因素。明塞尔指出,与物质资本的投资相同,贴现所带来的未来收益与投入成本之间的差额即代表了人力资本投资的盈利或是亏损。如能获益则会引起人们对人力资本的进一步追加投资,而

---

① 明塞尔. 人力资本研究[M]. 张凤林,译.北京:中国经济出版社,2001:369.
② 马歇尔计划(The Marshall Plan),官方名称为欧洲复兴计划(European Recovery Program),是第二次世界大战结束后美国对被战争破坏的西欧各国进行经济援助、协助重建的计划,对欧洲国家的发展和世界政治格局产生了深远的影响。
③ 明塞尔. 人力资本研究[M]. 张凤林,译.北京:中国经济出版社,2001:3.
④ 明塞尔. 人力资本研究[M]. 张凤林,译.北京:中国经济出版社,2001:4.

亏损则会抑制这种投资①。人们的理性选择是假设未来的收入会对因受教育或培训而延迟挣得收入的现值补偿。

明塞尔还分析了人力资本和培训、劳动迁移之间的关系,他认为职业培训和劳动者迁移同样可以带来劳动者工资的增长。劳动力迁移是劳动者对可识别工资收益的反应,劳动力迁移客观上促进了个人工资增长,但劳动迁移中断了企业对劳动者的在职培训的人力资本投资,这样又会阻碍个人工资增长。明塞尔研究美国1966—1976 年男性流动、工资和工资史,得出了以下结论:劳动迁移随着工作年龄变化,最初是急剧下降随后是减速下降,变化程度要强于任职期长度。

明塞尔假设劳动者工资包括两部分:一部分是劳动者对他自身拥有一般(可转移的)人力资本得到的收益;另一部分是雇主的投资,包括雇佣、筛选和培训成本。在工作寿命期头 10 年的劳动迁移并不显著影响工资的长期差别,但在工作寿命期晚期持久进行迁移的劳动者的工资水平更低,并在整个生命周期中工资增长更平缓。

在劳动迁移中,主动离职的劳动者人力资本增加工资收益相较于被解雇的劳动者人力资本增加工资收益往往要高,年长劳动者的人力资本工资收益要低于年轻的劳动者的工资收益(甚至为负)。而不经常进行劳动迁移的劳动者接受了更多的在职培训,因而其工作岗位的工资增长更快。根据明塞尔重建的工资函数,他估计劳动者的终生工资增长中 50% 是一般(可转移的)人力资本的收益,25% 是劳动迁移和在特定工作中得到的人力资本收益。同时,明塞尔将人力资本理论引入家庭劳动供给、性别工资差距等一系列研究,促进了现代人力资本理论的发展。

4. 爱德华·丹尼森的人力资本理论

爱德华·丹尼森的主要贡献在于为人力资本理论提供了最为有利的证据和补充。他在 1962 年出版的《美国经济增长因素和我们面临的选择》一书中,根据美国的历史统计资料,对经济增长因素进行分解和计算,并度量它们所发挥作用的大小,其中,丹尼森使用“因素分析法”对受教育年限和知识增长等对经济增长有影响的因素进行了记录,该方法具有较高的借鉴价值。丹尼森在书中的研究结果显示

---

① 明塞尔. 人力资本研究[M]. 张凤林,译. 北京:中国经济出版社,2001:359-360.

正规教育对美国经济增长具有重要贡献①。

丹尼森将生产要素投入分为两种：一种是劳动投入；另一种是资本（包括土地）投入。劳动投入的变化又细分为劳动投入的数量变化和质量变化。

劳动投入的数量变化就是就业人数，丹尼森估计 1929—1947 年美国就业人数增加 870 万人，年均增长 1.07%，共增长 21.2%；1947—1969 年增加 1 300 万人，年均增长 1.06%，共增长 26%。

劳动投入的质量变化包括三种。第一种是劳动时间缩短而引起的劳动投入质量变化。丹尼森认为，美国的劳动时间缩减 1% 将平均减少每个劳动者 0.6% 的产量。第二种是成年劳动者增加教育年限而引起的劳动投入质量变化，丹尼森认为个人受教育情况要以他是否能够担任某些工作或熟练掌握工作技术为前提条件，受教育年限长的劳动者对经济增长的贡献和受教育年限短的劳动者对经济增长的贡献不能等同，并且劳动者受教育水平的提高不但会促进过去的经济增长，还可能通过教育促进未来的经济增长。第三种是由年龄—性别构成变化引起的劳动投入质量变化。丹尼森认为不同性别和年龄的劳动生产率是不同的，当男女工比例发生变化，将改变平均劳动力投入质量的变化。

丹尼森按照生产要素理论计算出工资、利润和地租在国民收入中的百分比，假定全部要素投入量增加 1%，那么产量也会同比例增加 1%，可实际计算中产量的增长率大于 1%，超出的部分被丹尼森称为"单位投入量的产出量变化"，而决定单位投入量的产出量变化的是要素生产率。影响要素生产率的因素有三种。第一种是资源的再配置，主要是指人力资源在产业间的迁移，包括农业剩余生产力的转移和非农业的小微企业主及其不领取报酬的家属的转移。第二种是规模经济，丹尼森根据亚当·斯密的理论用市场范围的扩大表示规模经济。第三种是知识进步，丹尼森认为知识进步是促进经济持续增长最根本与最大的因素。

知识进步和其他因素的不同在于任何地点的知识进步都会很快扩散到所有先进国家。根据丹尼森的计算，美国经济增长中知识进步因素的贡献中最多有 50% 来自美国国内，所以，美国国内的知识进步因素对美国经济增长的贡献是很重要的。根据丹尼森的计算，虽然美国生产要素投入量占总经济增长量的比例从 1909—1929 年 20 年的 80% 下降到 1929—1957 年这 20 多年的 68%，而受教育年

---

① DENISON E F. The sources of economic growth in the United States and the alternatives before us [M]. New York. Committee for Economic Development，1962.

限要素投入量占总经济增长量的比例却进一步增加了,具体为从 1909—1929 年这 20 年间的 12% 上升到 1929—1957 年这 20 多年间的 23%,同时,美国工商界的劳动者的受教育年限显著提升,1948 年有 44% 的雇员受过 8 年及以下的教育,到 1969 年这项数据下降到 22%。另外,受过 4 年及以上教育的雇员比例从原来的 5.7% 增加到 11.97%,念完高中及以上的雇员比例由原来的 35% 增加到 60%。所以,丹尼森认为,人力资本的投资,也就是投资接受更多教育所产生的拉动力,相对变得更为重要了。

丹尼森在 1967 年发表的《经济增长率为何不同:九个西方国家战后的经验》一文中,更深入地分析了西欧等国家的经济增长模式。丹尼森认为,在西欧各国的经济增长的因素中,其他要素的投入量约占 40%,而人力资本投资还有技术进步等因素所带来的经济增长率占到 60%。所以,人力资本投资和技术进步因素带动的经济增长率相对很高,是不容忽视的重要方面[①]。然而丹尼森的人力资本理论缺乏一个系统的理论框架,虽然对人力资本投资的各项因素进行了分析,但对人力资本积累过程即人口素质增长对经济增长的促进作用研究得不够具体、不够深入,这在一定程度上反映了当时西方人力资本理论还不够成熟。

总之,人力资本理论在 20 世纪 60 年代后得到了长足的发展,并得以广泛传播。一批研究人力资本理论的大师将该理论扩展并形成了许多分支学科。例如加里·贝克尔深入研究了时间分配理论、家庭行为选择、人力资本与消费等。其他经济学家把人力资本研究扩展到企业人力资本、职业培训、人力资本投资收益率、人力资本造成的收入分配差异、人口迁移及流动、婚姻与生育选择等方面。

2.2　含人力资本变量的经济增长模型

经济增长是经济学研究范畴中最古老、最经典,也是最重要的研究问题。对国家而言,长期经济增长率的微小差别,经过长时间积累后会对人民生活水平产生巨大的影响,同时,长期经济增长率的差异也是世界各国收入水平不平等的根本原

---

① HARROD R F. Why growth rates differ: postwar experience in nine western countries by Edward F. Denison [J]. Revue Économique, 1967, 20(5): 915-917.

因。传统的经济增长理论普遍认为,对经济发展起主要推动作用的是有形的物质资本投资。经济增长理论不是一蹴而就的,它是逐步发展完善的一个过程,经历了从古典经济增长理论到现代经济增长理论的跨越。

20世纪中期以来,知识对经济增长起着越来越重要的作用。从哈罗德-多马增长模型、索洛的技术进步模型、罗默的知识外溢模型到卢卡斯的人力资本模型,都从不同角度对包括知识在内的影响经济增长的因素进行了分析,他们利用构建经济计量模型等,从全新的角度深入研究了创新创造在经济系统中的作用,以及这种知识积累对各国经济增长影响的具体方式。

2.2.1 经济增长模型

总的来说,现代经济增长理论大体上可以划分为三个阶段。

第一阶段是以哈罗德-多马模型为代表的强调物质资本积累作用的"资本决定论",该理论的基本思想可以总结为:投资可以扩大需求,从而为当期社会提供更多更充足的就业机会,以扩大产能。但同时投资必然增加总供给,会引起下一时期的供给大于需求,为了解决需求不足,投资必须保持一定的增长率。

第二阶段是以索洛模型为代表的新古典经济增长理论。该理论认为经济增长率的高低不仅取决于生产要素增长率的高低,而且还取决于生产要素对产量增长相对作用的权数,取决于技术进步。

第三阶段是内生经济增长理论,又称新增长理论。内生经济增长理论解释了各地区经济增长率产生差异的原因,进而解释了各地区经济增长持续的可能。虽然在新古典经济增长理论中,加入了外生的技术进步和人口增长率,但并没有从根本上解释这两个因素是如何影响经济增长的。内生经济增长理论在新古典经济增长理论的基础上放松了前提假设,并将技术进步、知识等促进经济增长的因素内生化,认为技术进步是投资的结果,并且技术、知识可以提高边际收益率,这样就可以解释为什么世界经济没有出现新古典经济理论预计的穷国和富国的经济差距缩小、资本也没有从富国流向穷国等现象。

1. 古典经济增长模型

对经济增长的研究最早可以追溯到亚当·斯密,他对经济增长理论的贡献有两个:一是经济增长要素的分析;二是分工的规模经济分析。亚当·斯密把经济增长定义为人均产出的提高或是一国国民收入的增加,他认为土地、资本和劳动决定了一国的经济增长,土地、资本和劳动是经济发展的基本要素,斯密详细地考察了这三个要素和产出的关系以及它们运行的内在规律。同时,他认为社会分工可以有效地提高社会生产率,原因有三:第一,通过分工协作,可以减少工人工作转换的时间,在相同时间内,生产率提高了;第二,分工可以使人从事专门工作,增加工作经验,提升工作技能;第三,分工使劳动过程简化、专门化,这样能促进生产工具的改进,提高效率。此外,斯密还提出了经典的市场机制是"看不见的手",用价格、供需平衡机制来解释市场运行规律。

大卫·李嘉图继承了斯密的总产出增长理论,但他不认同斯密的规模经济分工会使生产收益递增的理论,李嘉图认为在现实中生产要素的收益是递减的,并创建了收益递减的生产理论。他认为无论是土地、资本还是劳动,当投入量增加到一定程度后,每增加一单位带来的产量增加是递减的。同时,生产要素规模收益递减往往被技术进步和规模经济增长的影响抵消了。

此外,还有许多古典经济学家对经济增长进行了分析,如托马斯·马尔萨斯、弗兰克·拉姆塞、阿林·杨格和约瑟夫·熊彼特等,他们提出了许多经济增长分析的相关概念,如人均收入和人口增长率的相互作用、竞争行为和动态均衡的基本方法、报酬递减、经济周期、垄断对技术进步的作用等内容。

2.哈罗德-多马经济增长模型

20世纪40年代末,英国经济学家哈罗德和美国经济学家多马根据凯恩斯的收入决定论思想,把凯恩斯理论长期化和动态化,在同时期分别推导出相似的长期经济增长模型,合称"哈罗德-多马模型"。在此,由于篇幅原因,只介绍哈罗德模型。

哈罗德-多马模型的研究前提假设如下:第一,只考虑资本和劳动两种生产要素的投入,两者不可相互替代,劳动力是人口总量的一个固定比例,劳动增长率等同于人口增长率;第二,社会中只生产一种产品,既是消费品又是投资品;第三,储蓄 $S=sY$,其中 S 为储蓄,s 是储蓄率,$c<s<1$,Y 是国民收入;第四,如果不考虑技术进步因素,也就不存在资本折旧的情况;第五,如果资本产出的比例不变,资本劳动比例不变,规模收益不变。

根据上述假设,资本 K 和国民收入 Y 的关系是

$$K = vY \tag{2-1}$$

其中 v 是资本产出比,假设资本和产出的增量分别为 ΔK 和 ΔY,那么边际资本产出比和原资本产出比相等,具体公式如下:

$$\Delta K = v\Delta Y \tag{2-2}$$

由于假设中不存在技术进步,无须剔除资本折旧,那么资本的增量全部来自投资,即 $\Delta K = I$,式(2-2)可改写成

$$I = v\Delta Y \tag{2-3}$$

由于假设了储蓄 $S = sY$,根据凯恩斯的理论,只有当储蓄全部都用于投资时,整个经济活动才能达到均衡。哈罗德以凯恩斯的均衡条件理论为基础,提出了在经济增长的过程当中,只有当 $I = S$ 时经济才能达到均衡增长,得到

$$v\Delta Y = sY \tag{2-4}$$

变换形式为

$$\frac{\Delta Y}{Y} = \frac{s}{v} \tag{2-5}$$

结合哈罗德提出的三种增长率的概念,得出实际增长率、均衡增长率和自然增长率的公式分别如下:

$$G_t = \frac{s_t}{v_t} \tag{2-6}$$

$$G_w = \frac{s_w}{v_w} \tag{2-7}$$

$$G_n = \frac{s_n}{v_n} \tag{2-8}$$

其中 G_t、G_w 和 G_n 分别为实际增长率、均衡增长率和自然增长率;s_t、s_w 和 s_n 分别为实际储蓄率、均衡储蓄率和自然储蓄率;v_t、v_w 和 v_n 分别为实际资本产出比、均衡资本产出比和自然资本产出比。哈罗德认为 G_t、G_w 和 G_n 三者若不相等,会使经济出现不同的增长方式。

当 G_t 和 G_w 不相等时,经济会出现短期波动。当 $G_t > G_w$ 时,可能的原因有二:一是 $s_t > s_w$;二是 $v_t < v_w$。当出现第一种情况时,为使经济达到均衡,需要国民减少储蓄,增加消费,使经济趋向扩张。当出现第二种情况时,说明投资不足,为使经济达到均衡,需要增加投资,提高实际增长率,这样又会使得资本更加不足,投资会进一步扩大,经济处于累积性扩张状态。当 $G_t < G_w$ 时,可能的原因有二:一是 $s_t < s_w$;二是 $v_t > v_w$。当出现第一种情况时,说明储蓄减少,国民应增加储蓄减

少消费,从而使经济出现紧缩。当出现第二种情况时,说明资本出现闲置,应减少投资,降低实际增长率,这种情况下又会使得资本闲置更加严重,投资进一步减少,经济处于累积性紧缩状态。

当G_w和G_n不相等时,经济会出现长期波动。当$G_w > G_n$时,这种增长状态无法长期保持,投资水平超过了劳动力增长和技术水平能容纳的上限,造成没有足够的劳动力去支撑过多的资本,生产能力的利用率不足,从而造成投资减少,经济处于长期停滞状态。当$G_w < G_n$时,投资水平跟不上劳动力增长和技术水平的进步,造成劳动力和技术闲置,投资将进一步增加,提高产出,经济处于长期增长状态。

只有当$G_t = G_w = G_n$,即实际增长率、均衡增长率和自然增长率三者相等时,经济才能处于长期稳定态势。这表明在当前的技术水平下,各种生产要素得到了充分利用,经济处于长期稳定状态。但在现实中,决定三者的因素各不相同,缺乏一种内在联系机制,想让三种增长率相等是很难办到的,因此,哈罗德经济增长模型又被称为"刃锋式"经济增长,在实践中是很难满足的。

3. 索洛经济增长模型

美国经济学家索洛认为哈罗德-多马经济增长模型所描述的"刃锋式"经济增长方式是不现实的,在经济发展的现实情况中不存在长期、必然的增长过程或紧缩过程。一旦经济偏离均衡发展,也不像哈罗德-多马模型描述的那样失去调节能力,相反,每个国家的经济都有自我调节的能力,使经济从不均衡发展状态恢复到均衡发展状态。所以索洛认为哈罗德-多马模型出现上述错误的原因是模型中的"资本—劳动比例不变"这一前提假设是错误的,索洛改变了这一前提假设,建立了生产要素比例可变的增长模型[1],这一模型又被称为新古典增长理论。

索洛模型的前提假设和哈罗德-多马模型的前四个前提假设是一致的,但索洛模型假设的资本产出比是可变的,这与哈罗德-多马模型是不同的,资本劳动比例

---

① SOLOW R M. Technical change and the aggregate production function[J]. Review of economics & statistics,1957,39(3):554-562.

也是可变的,并且该模型满足稻田条件[①②]。根据以上假设,得到生产函数如下:

$$Y = F(K, L) \tag{2-9}$$

令 $y = Y/L$ 表示劳均产出,$k = K/L$ 表示资本劳动比,式(2-9)可改写为

$$y = f(k) = F(k, l) \tag{2-10}$$

根据索洛模型的假设条件可以推导出新古典理论的经济增长模型基本方程式为

$$k' = sf(k) - nk \tag{2-11}$$

在式(2-11)中,$sf(k)$ 代表人均储蓄,nk 代表劳动力以 n 的速度增长时,为使得资本劳动比不变所需要的投资量,即为维持劳均资本量不变所需的投资,又被称为资本广度化(capital-widening);k 代表资本存量的变化率,用以衡量每个劳动力拥有的资本增加量,又被称为资本深化(capital-deepening)。式(2-11)蕴含的经济含义是,当资本劳动比 $k' = 0$ 时,经济增长达到唯一的均衡增长状态。同时,式(2-9)中产出 Y、资本 K 和消费 C 都以劳动力增速 n 增长。此时,索洛模型和哈罗德-多马模型是相同的。不同之处在于索洛模型的经济均衡增长是通过资本劳动比来进行调整的,经济增长总能收敛到均衡增长路径,即模型中每个变量都以一个不变的速率增长,因此索洛模型的均衡经济增长方式是稳定的。

以上不存在技术进步的模型,之后索洛又在他的生产模型中加入了技术进步因素,但该技术进步是中性的,表现为一个具有固定趋势的常数,技术进步不改变资本和劳动的比例,索洛指出:"这样,经济发展速度的增和减、劳动力教育质量的提高、各种各样的移动生产函数因素都可以归入到'技术变化'中"[③]。加入技术进步的生产函数如下:

$$Y = A_t f(K, L) \tag{2-12}$$

式中,A_t 是 t 时刻的技术水平,对式(2-12)取对数再进行求导得

$$\frac{\dot{Y}}{Y} = \frac{\dot{A}}{A} + \alpha \frac{\dot{K}}{K} + \beta \frac{\dot{L}}{L} \tag{2-13}$$

---

① 稻田条件是指新古典生产函数,满足:一阶导数大于 0,二阶导数小于 0,另外,当生产要素投入趋于 0 时,一阶导数的极限无穷大;当生产要素的投入趋于无穷大时,一阶导数的极限等于 0。

② INADA K. On a two-sector model of economic growth: comments and a generalization[J]. Review of economic studies, 1963, 30(2): 119-127.

③ SOLOW R M. Technical change and the aggregate production function [J]. Review of economics & statistics, 1957, 39(3): 554-562.

其中,α 和 β 是资本和劳动的产出弹性,由于假设规模收益不变,所以 $\alpha + \beta = 1$,将式(2-12)取对数后两端除以 L 再求导,得出劳均产出和劳均资本公式:

$$\frac{\dot{y}}{y} = \frac{\dot{A}}{A} + \alpha \frac{\dot{k}}{k} \tag{2-14}$$

由式(2-14)可知,经济增长主要来源于技术进步和劳均资本即资本集约度的影响。当劳均资本 $\dot{k} = 0$ 时,经济发展主要受技术进步影响。索洛用该模型研究了美国 1909—1949 年的经济增长,发现在该阶段美国 GDP 年均增长 2.9%,但只有 12.5% 可以用生产要素增长来解释,余下的未解释部分被称为"索洛余值",按照新古典模型的解释,这 87.5% 都应当归因于技术进步。

索洛模型的意义在于:第一,它假设资本与劳动是可以相互替代的,资本劳动比可变,这样人们可以通过调节资本劳动比来改变资本产出比,如降低资本产出比,刺激劳动增长,促进充分就业;第二,索洛模型强调市场机制即价格对经济的调节作用,当储蓄率既定但经济增长不稳定时,可以通过市场机制(价格)调节,改变资本收益或劳动收益来调节资本和劳动的投入量,从而使得资本产出比与经济增长相适应,实现均衡的经济增长;第三,在经济发展过程中,资本与劳动可以相互替代,可以让资本劳动比提高,但随着资本投入的增加,资本的边际生产率递减,利润率下降,而劳动投入的减少使得劳动的边际生产率提高,促使劳动者的工资相对提高,因此在经济发展过程中收入分配有利于劳动者而不利于资本家;第四,突破了以往在经济增长中"唯资本论"的片面观点,首次明确了技术进步对经济增长的正面影响。

但索洛模型也并不完美,它的不足在于虽然模型中指出了技术进步对经济增长的正面作用,但模型中技术进步是一个外生变量,索洛并没有对技术进步的来源作出解释,并不清楚技术进步的原因是什么,因此受到了新剑桥学派的批评,称索洛模型中的技术进步是"天上掉下的馅饼"。此外,索洛假设资本和劳动可以相互替代的假设是不切实际的,因为在现实中已经建好的固定资产,资本和劳动的比例是大致固定的,两者的相互替代是有限的。资本劳动比的改变只能在技术进步带来的新投资项目中实现。

2.2.2　内生经济增长模型

内生经济增长模型发展于 20 世纪 30 年代,当时,世界经济发展出现分化趋势,新兴发达国家经济日益壮大,而不发达国家经济日趋落后。中等收入国家的经济增长率是最高的,富有、发达国家次之,而不发达国家的经济增长率却最低。为什么会出现这种现象?按照新古典经济学理论,最穷的国家资本边际报酬是最高的,为什么国际资本没有向这些国家流动?经济学家在新古典经济学理论的基础上提出了以内生技术进步为主要内容的新增长理论,主要代表人物有阿罗、罗默和卢卡斯等学者。

内生经济增长模型突破了新古典增长理论的局限,它强调以思想为基础,拓宽经济增长的因素;强调劳动分工,用分工的自身演进来解释经济增长的动态模式,并解释人均收入增长的差异、外贸依存度、比较利益等内容;内生经济增长理论还将技术进步内生化内容和信息发展结合到一起,使这一理论非常符合世界经济的发展趋势;对国际经济问题作出了很好的阐述,解释了中等国家和发达国家由于知识与人力资本等因素引起了国家资本回流,即"国际资本反向流动"现象。在国家贸易方面将"比较成本优势"和"资源优势"原理转变为"技术和人力资本优势"原理。

1. 阿罗经济增长模型

阿罗是将技术进步等因素进行内生化的经济学家之一。他在 1962 年发表的论文《干中学的经济含义》中首次提出了知识和生产率的提高应该来自投资与生产的思想,他提出"干中学"模型,对技术进步内生化[①],即劳动者通过学习获得知识,而技术进步却是知识的产物,是这种学习的结果。所以技术进步是经验积累的产物,也被称为"边投资边学"(learning-by-investing)。

阿罗的"干中学"模型的前提假设如下:第一,人类的知识和经验是资本投资的副产品。随着社会资本存量的增加,知识和经验也会增加,知识和经验会导致技术进步,同时,附加知识经验和技术水平的资本生产效率也会提高,从而导致生产的规模报酬出现递增效应。第二,"干中学"从每个企业的投资中获得,企业的知识和经验都是公共产品,具有明显的外部性,即单个企业能够受益于其他企业或整个社会资本投资增加引起的知识、经验积累而无须付出成本。第三,资本一旦形成,所具有的生产能力就不会被以后的资本侵蚀。从阿罗的前提假设可以看出,阿罗

---

① ARROW K. The economic implication of learning by doing [J]. Review of economics & statistics,1962,29(3).

把资本的积累而不是产出用于度量"干中学"的标准,依旧是遵循索洛的技术变革体现在新产品中的思想,新产品包含了现阶段可用到的全部知识和经验,一旦资本投入生产中其生产效率是稳定不变的,不会因为劳动者在资本的操作中学习到的知识和经验而提高生产效率。

下面介绍经过谢辛斯基简化过的阿罗模型[①]。谢辛斯基假设在简化过的阿罗模型中有 N 家企业,有代表性的企业的生产函数如下:

$$y = F(k, Al) \tag{2-15}$$

式中,k 和 l 分别代表该企业投入的资本和劳动量,A 代表技术水平。

$$A = K^b \tag{2-16}$$

式中,K 是资本总量,$K = Nk$;$b < 2$ 为外溢效应常数。式(2-16)代表资本积累对技术进步的影响。从中可以看到每个企业从自己和其他企业的投资活动中学习,进而获得技术水平的提高。劳动效率取决于弹性为 b 的过去的总投资,经济发展在整体上具有收益递增效应,在常数 A 之中,总资本投入 K 和总劳动量投入 L 产出会成倍增加,而且 K 的增加除了增加产出外,还提高了 A 的水平。推导出均衡经济增长率 g 的函数如下:

$$g = n/(1-b) \tag{2-17}$$

其中 n 为劳动力投入的增长率。从式(2-17)可以看出,虽然经济增长率受到阿罗设定的学习函数 b 的影响,但劳动增长率 n 依旧是经济增长率的决定性因素,可以推导出如果劳动增长率 n 为零或负数,就没有长期均衡的经济增长。

阿罗创建的"干中学"经济增长的模型,已经创造性地突破了新古典经济增长理论的研究框架和范畴,率先提出了内生经济增长模型这一概念,我们认之为新经济增长理论发展的基础。另外,阿罗模型中假定存在全社会范围内的技术传播,没有政府干预时的竞争性均衡是一种社会次优状态,在均衡增长率低于社会最优增长率时,政府可以采取相应的政策提高经济增长率,从而实现经济的帕累托最优。因此,阿罗模型具有更强的政策操作性,其不足之处在于阿罗的前提假设认为"干中学"只出现新产品的生产过程中(大多是机器设备制造),除此以外,他没有考虑在使用过程中积累的技术进步,还有社会上建立了高等学校、研究所等机构,这些机构加快了技术进步的速度。综上所述,阿罗模型仅用简单的投资相关函数来代

---

① SHESHINSKI E. Tests of the "learning by doing" hypothesis [J]. Review of economics & statistics, 1967, 49(4): 568-578.

表技术进步和创新是不全面的。此外，阿罗模型推导出的，没有劳动力增长就没有技术进步和经济发展的结论与观察到的现实情况相矛盾。

2. 罗默经济增长模型

20 世纪八九十年代，罗默对内生经济增长理论进行了完善。他建立了两个内生经济增长模型，知识溢出的经济增长模型[①]和技术内生的经济增长模型[②]。这两个经济增长模型有三个前提假设：一是技术进步是经济增长的主要核心，这里的技术是指能将投入转化为产出的科学方法或手段。二是绝大部分的技术进步是由于市场的激励作用而使人们做出有意识行为的结果，即技术进步是内生性的。是思想的进步或主意（ideas）的迸发改进了生产技术，因为使用一个新的思想或好主意，会让同样多的投入产生比原先更多或更好的产品产出。三是创新能让知识成为商品。

罗默在 1986 年首先建立了知识溢出的内生经济增长模型，他把人力资本（用受教育的年限来界定）和新思想（以创新的专利数来衡量）纳入经济增长模型。罗默认为科学知识有"非排他性"（non-rivalry），但转换后的产权可以是"部分排他的"（partially excludable），因为人们对知识产权进行保护时，使得知识实际上具有了一定的排他性。在完全竞争的市场中，如果企业处于规模效益的递增阶段，那么企业就没有足够的动力投资学习知识技术。另外，对于溢出效应，罗默认为虽然在知识产权保护方面有专利权保护了发明人的权益，但这不足以阻止其他研究发明者利用这一项知识去从事另一项知识的创造。

由于知识可以被广泛使用，很难形成排他属性，所以产生了知识的社会效益。在罗默的知识溢出模型中，罗默假定代表性企业的产出是其自身物质资本、劳动、人的知识水平和知识总存量的函数。对于个别企业的自身投入方面，该函数表现出良好的不变规模收益特征，满足新古典生产函数的假定。然而，这一生产函数对于个别代表性企业的含义和对整个经济的含义是不同的，对于代表性企业，它将总知识水平看作一个给定的变量，因此生产函数表现为规模收益不定这一特点；而对于整个经济而言，该生产函数表现为规模收益递增。在此，总知识水平成为外部性

① ROMER P M. Increasing returns to long-run growth [J]. Journal of political economy, 1986, 94(5): 1002-1037.

② ROMER P M. Endogenous technical change [J]. Journal of political economy, 1990, 98(5): 71-102.

来源,罗默的经济增长模型巧妙地通过知识积累"副产品"的属性和知识存量的外部性验证了内生增长理论。

罗默在 1990 年提出了他的第二个内生经济增长模型——技术内生增长模型。在这个模型中,他将经济划分为三个部门:研发部门、中间产品生产部门和最终产品生产部门。而研发部门通过现有的人力资本和知识存量创造新的知识。另外,技术水平能无限增长,但是人力资本在所有经济中是一定的,人力资本可以用于研究部门新知识的生产和最终产品的生产,另外模型还假设人口和劳动力固定。罗默的技术内生经济增长模型如下:

$$Y = H_Y^{\alpha} L^{\beta} \sum_{i=1}^{\infty} x_i^{1-\alpha-\beta} \tag{2-18}$$

式中,Y 代表最终产品产出,H_Y 表示用于最终产品生产的人力资本总投入,L^{β} 为劳动投入总量,x_i 表示第 i 种资本品的投入量,最终产品生产所需的所有资本表示为 $x = \{x_i\}_{i=1}^{\infty}$。在一般的生产函数中,假定不同资本品具有完全替代性,因此可以加总成一个总资本品,但在罗默的模型中,各类资本品不能完全相互替代,每一类都具有单独的作用。

中间产品生产部门的资本增量方程为

$$K'(t) = Y(t) - C(t) \tag{2-19}$$

式中,$C(t)$ 表示在 t 时刻的总消费。因为生产一单位的资本品需要 η 单位已有的消费品,这样核算 K 就与在生产中实际使用的资本品有关,具体方法是

$$K = \eta \sum_{j=1}^{\infty} x_i = \eta \sum_{j=1}^{A} x_i \tag{2-20}$$

研发部门的产出是指能开发新产品和推动产品升级的新思想,其投入是人力资本和已有的知识存量。假设第 j 项技术的生产函数为 δH_j,其中 δ 为生产率系数,H_j 和 A_j 分别为生产第 j 项技术所需的人力资本和知识存量,将各项研究相加,可以得到知识的生产函数即研发部门的知识进步方程为

$$A' = \delta' H_A A \tag{2-21}$$

式中,A 为总知识存量,$H_A = H - H_Y$,总人力资本存量减去生产部门的人力资本存量为从事研发的人力资本存量。最终生产部门的生产函数可以改写为

$$Y(H_A, X, L) = H_Y^{\alpha} L^{\beta} \int_0^{\infty} x_i^{1-\alpha-\beta} d_i = (H_Y A)^{\alpha} (LA)^{\beta} K^{1-\alpha-\beta} \eta^{\alpha+\beta-1} \tag{2-22}$$

由于假设利润最大化,可以得出经济增长的均衡模型为

$$g = \frac{dC}{C} = \frac{dY}{Y} = \frac{dK}{K} = \frac{dA}{A} = \delta H_A = \delta H - \frac{\alpha}{(1-\alpha-\beta)(\alpha+\beta)} \qquad (2\text{-}23)$$

从式(2-23)可以看出,各国经济增长率与人力资本存量以及研发部门生产率是成正比的关系,与人口或劳动力规模没有相关性。

罗默的技术内生模型是对各国经济增长率差异的很好的解释。人力资本水平高、知识总量丰富的国家经济增长率就高,而在人力资本贫乏的国家,没有足够的人力资本投入研发活动,使得这些国家陷入"低收入陷阱",无法发展经济。罗默的建议是不发达国家应该通过国际贸易引进他国的新技术来提高本国的生产率,同时,这样可以节约研发成本,把资源用于其他方面。罗默的模型还揭示了由于研发活动的收益是远期收益,当利息率较大时,配置到研发部门的人力资本较少,增长率也较低。罗默主张政府通过调节利率来刺激研发部门的积极性和对研发的人力资本投入。罗默通过实证检验了他的模型,研究发现当今世界上有某些大国把50%的资源用在研发方面,这一现象说明知识已经成为影响企业和国家经济增长的关键,现代经济本质上是知识经济。

罗默的模型隐含着规模效应的假设,以 $g = \delta H_A$ 为例,当研发部门中的人力资本翻一倍时,经济增长也应该是增加一倍,即使在人均人力资本不变的情况下,从事科研的人数增加一倍也会产生这种规模效应。美国的经济学家琼斯研究发现现实经验和罗默模型相矛盾,他研究发现美国在研发部门工作的劳动者从1950年的16万上升到1988年的接近100万,但在此期间美国的全要素生产率增长几乎没有变化,甚至是下降的[①]。

3. 卢卡斯的经济增长模型

卢卡斯1988年在宇泽模型[②③]的基础上引入了舒尔茨和贝克尔的人力资本概念。其借鉴罗默的经济增长模型的技术处理方法对宇泽模型进行了修改,建立一

---

① JONES L E, MANUELLI R. A convex model of equilibrium growth: theory and policy implications [J]. Journal of political economy, 1990, 98(5): 1008-1038.

② UZAWA H. Optimum technical change in an aggregative model of economic growth [J]. International economic review, 1965, 6(1): 18-31.

③ 宇泽在新古典经济学的资本积累框架下运用两部门模型结构,研究如何通过必要劳动投入实现最优技术进步的问题。宇泽模型为解释内生经济增长提供了一个重要的技术方法,也成为罗默技术内生模型和卢卡斯人力资本模型的重要理论基础。

个专业化人力资本积累经济增长模型[①]。卢卡斯模型强调人力资本存量和人力资本投资在内生经济增长与不发达经济向发达经济转变过程中的作用。卢卡斯提出人力资本具有两种效应：一是内部效应，二是外部效应。内部效应一定会影响人力资本自身的生产效率，主要生产途径是脱产的正规学习，卢卡斯将通过这一途径获得的人力资本叫作一般性人力资本，认为它们具有内部效应。另外，卢卡斯认为通过实际操作习得的人力资本具有外部效应，被称为专业化人力资本。而且，专业化人力资本的外部效应要比一般性人力资本的内部效应更为重要。因为人力资本的外部效应会从一个人传递给另一个人，从旧产品延续到新产品，从家庭老成员传递给新成员，从而人力资本对所有的生产要素和生产率都有重要的积极效用，使得产出呈现规模效益递增趋势，这样人力资本就成为经济增长的发动机。

卢卡斯模型的前提假设有四个：第一，卢卡斯和宇泽一样，将经济生产分为两个部门，但不是分为物质生产部门和教育部门，而是将劳动者的生产时间分为用于生产的时间 $u(t)$ 和个人人力资本建设的时间 $1-u(t)$；第二，在生产函数中引入人力资本的生产部门，人力资本的增长率是和时间成比例的，劳动者正式学习或通过实践习得的人力资本是时间的线性函数（这与阿罗的"干中学"学习函数不同）；第三，人口增长率不变，社会经济是封闭的完全竞争市场；第四，人力资本具有显著的外溢效应，即劳动者的人力资本水平的高低不仅影响自身的生产率，而且能够影响到整个社会的生产率（每个经济个体在进行决策时都不考虑这部分影响），这是该模型能产生递增规模收益（整体经济水平）和政府政策增长效应的前提。在这四个前提假设下，卢卡斯人力资本经济增长模型如下：

$$Y = AK(t)^{\alpha}\left[u(t)h(t)N(t)\right]^{1-\alpha}h(t)^{\gamma} \tag{2-24}$$

式中，$K(t)$ 为 t 时刻的资本存量，$h(t)$ 为 t 时刻的人均人力资本存量，$N(t)$ 为 t 时刻的劳动力数量，$h(t)^{\gamma}$ 表示 t 时刻的人力资本外溢效应，γ 为正常数。技术进步函数为

$$\frac{\dot{h}(t)}{h(t)} = \dot{\varepsilon}\left[1-u(t)\right] \tag{2-25}$$

式中，δ 为风险回避系数。通过一系列复杂的推导，卢卡斯模型的均衡经济增长条件为

① LUCAS R E. On the mechanics of economic development[J]. Journal of monetary economics，1989，22(1)：3-42.

$$g = \frac{\dot{h}(t)}{h(t)} = \frac{(1-\alpha)[\delta - (\rho - n)]}{\delta(1-\alpha+\gamma) - \gamma} \tag{2-26}$$

式中，n 为人口或劳动力增长率，虽然此经济均衡增长公式依旧含有人口或劳动力增长率，但是即使 $n=0$ 或 $n<0$，经济仍有可能出现均衡增长。

根据卢卡斯的模型，技术进步受人力资本建设时间和人力资本积累的影响。人力资本通过推动技术进步，提高资本收益率，从而突破规模效益不变的限制，加快经济增长。人力资本的存量越高，技术进步越快，经济增长也就越快。卢卡斯还认为专业化人力资本形成规模和速度取决于一般性人力资本已达到的水平。在一般性人力资本水平较低时，利用"干中学"获得的专业化人力资本的水平也不会太高，如果单纯依靠"干中学"这种方式，专业化人力资本的增长速度将十分缓慢。只有当学校教育形成"在实践中学习"的思想，将一般性人力资本学习和专业性人力资本学习统一起来时，才能显著提高人力资本积累的规模效应。

卢卡斯这一人力资本内生经济增长模型对政府的决策具有很强的政策指导意义。他将人力资本的外部效应和经济增长结合起来，很好地解释了"亚洲四小龙"的经济发展奇迹。他说："在所有创造经济奇迹的国家中，劳动力都在不断地向更尖端的产品进行转移……一个快速增长的经济或部门必然是成功地把劳动力集中到最前沿产品的研发和生产上，通过高效率的学习快速完成人力资本的积累。"[①]卢卡斯对发展中国家如何实现经济的快速增长提供了建议，他认为发展中国家应该通过提高人力资本存量来吸引国家资本的投资，同时，实行市场开放，引进国外的先进技术和设备，在实践生产中积累经验，提高生产率。在区域增长中，高素质的人才比低水平的劳动力更重要。在现实中劳动力的迁移总是受限的，高素质的人力资本很难向不发达地区迁移，因此需要向不发达区域进行大量人力资本投资，提高其人力资本存量。

除了上面提到的阿罗模型、罗默模型、卢卡斯模型和宇泽模型外，还有很多经济学家对经济增长因素进行内生化研究，建立了不同种类和特点的内生经济增长模型。例如将储蓄率内生化的卡尔多模型[②]，将国际技术扩散内生化的巴罗和萨

---

① 卢卡斯. 经济周期模型[M]. 姚志勇，鲁刚，译. 北京：中国人民大学出版社，2003：95.

② KALDOR N. Alternative theories of distribution [J]. Review of economic studies，1955，23(2)：83-100.

拉-伊-马丁模型[1],将人力资本和家庭生育内生化的贝克尔-塔姆拉模型[2],将劳动分工内生化的杨小凯-博兰德模型[3]等。

2.3　人力资本计量方法

改革开放以来,中国经济总体上保持高速增长态势,尤其是近年来,随着中国经济发展方式的转型,人力资本对经济发展和国民人均可支配收入的贡献日趋突出,成为学界研究的焦点。同时,研究人力资本对经济增长贡献面临着一个难题就是难以获取关于人力资本的准确而可信的数据。从人力资本的特征和投资方式可以看出,人力资本是无形的。

相应地,人力资本的测度无法像物质资本那样直接可见,所有关于人力资本的计量方法都是间接的。综观外国和中国学者对人力资本的计量研究,可知人力资本的测度方法主要分为基于货币的测量方法和基于指标的测量方法。基于货币的测量方法主要包括基于人力资本投入成本,即现存人力资本的货币现值的累积成本法,以及基于计量人力资本的产出,即未来人力资本收益的未来收益法这两种方法。基于指标的测量方法,一般是使用非货币指标对人力资本进行测量,主要包括计量人力资本形成所需教育相关指标的教育指标法和综合性的多指标法,多指标法通过建立人力资本计量体系,利用综合指标对人力资本进行测量。

这些方法各有优缺点,但不可否认的是,计量方法不同,对应的人力资本计量结果也不同,这就构成了对相关人力资本实证研究的制约[4]。

① BARRO R J, SALA-I-MARTIN X. Economic growth[M]. 2nd ed. Cambridge, MA. Mit Press Books, 2003, 1(5): 288-291.

② BECKER G S, TAMURA R. Human capital, fertility and economic growth[J]. Journal of political economy, 1990, 98(S5): 323-350.

③ YANG X, BORLAND J. A microeconomic mechanism for economic growth[J]. Journal of political economy, 1991, 99(3): 409-436.

④ 钱雪亚.人力资本存量计量的合理视角[J].浙江社会科学,2005(5): 43-47.

2.3.1 基于收入的计量方法

基于收入的测量方法是假设个人终生收入的现值是个人人力资本存量的体现。该方法不用考虑由不同投资方式所形成的人力资本异质性,测算比较简便。可以使用市场利率作为贴现率,不需人为假设人力资本的折旧率。

最先使用收入法来测量人力资本价值的是英国经济学家威廉·配第。他在著作《政治算术》中用个人劳动收入来代表个人人力资本水平。他将英格兰人均收入设为 7 英镑,按照人的价值在预期 20 年的未来收入来计算英格兰人力资本存量为 52 000 万英镑,假设英格兰人口为 600 万,人均人力资本则是 80 余英镑,而壮年人的价值是该数额的两倍[①]。配第的方法只是简单地计算了支出、地租和劳动收入,并没有考虑人力资本异质性和贴现率的问题,但这是学者首次提出一种估算一国劳动者人力资本价值的简便方法。

配第之后,法尔在研究公共财政问题时对人力研究产生兴趣,他改进了配第用劳动收入来测量人力资本的方法。法尔适当地调整了死亡率,并用个人未来终生收入减去个人终生生活消费的净收入折现后来计算人的资本化价值,计算出英国人均人力资本净值为 150 英镑[②]。这是一种前瞻性的方法,用个人未来终生的预期净收入来估算人力资本价值,这种科学的方法直到现在依然被多国的经济学家和统计学家用来估计人力资本或其货币价值[③]。

都柏林和洛特卡拓展了法尔研究人力资本价值的方法,建立了引入就业率和成人存活率的人力资本预期收入测算模型,计算了美国成人的人力资本价值,建立的人力资本价值公式如下:

$$H_n = \sum_{x=n}^{\infty} \frac{S_{n,x}(W_x Y_x - C_x)}{1+i} \tag{2-27}$$

式中,H_n 是年龄为 n 的个人收入价值,i 是贴现率,都柏林和洛特卡使用美国长期政府债券利率 2.5% 作为贴现率,$S_{n,x}$ 代表年龄为 n 的人存活到 x 岁的概率,

① 配第.政治算术[M].马妍,译.北京:中国社会科学出版社,2010:28.

② Farr W Equitable Taxation of Property [J].Quarterly Journal of the Statistics Society,1853,(16):1-45.

③ KIKER B F. The historical roots of the concept of human capital [J]. Journal of political economy,1966,74(5):481-499.

Y_x 是从 n 岁到 $n+1$ 岁的人群的年收入，W_x 是年龄 x 的人群的就业率，C_x 为从 n 岁到 $n+1$ 岁人群的年生活支出[1]。

韦斯布罗德在都柏林和洛特卡的研究基础上，对人力资本的价值公式稍作修改[2]，公式如下：

$$H_n = \sum_{x=n}^{74} \frac{S_{n,x} W_x Y_x}{(1+i)^{x-n}} \tag{2-28}$$

式中，H_n 是年龄为 n 的个人预期未来收入，$S_{n,x}$、W_x、Y_x、i 同式（2-27）。韦斯布罗德假设退休年龄为 75 岁，并且劳动者在退休后没有收入。韦斯布罗德分别使用 10% 和 4% 的贴现率来比较计算人力资本未来预期收入价值。10% 是美国私人资本回报率，4% 是美国联邦政府长期债券的票面利率。韦斯布罗德假设估算出在 1950 年，当贴现率为 10% 时，美国男性净人力资本价值为 10 550 亿美元；当贴现率为 4% 时，美国男性净人力资本价值为 22 180 亿美元。

格雷厄姆和韦伯对韦斯布罗德的终生收入模型进行了改进，加入了经济增长和教育因素，将群体按照性别、种族、受教育程度、职业、能力等特征分为 m 类。不同类别人群的人力资本估算公式如下：

$$H_n^m = \sum_{x=n}^{75} \frac{S_{n,x}^m W_x^m Y_x^m (1+g_k^m)^{x-a}}{(1+i_k^m)^{x-n}} \tag{2-29}$$

H_n^m 是贴现后的年龄为 n 的 m 类型人群的终生预期收入；g_k^m 和 i_k^m 分别代表 m 类型人群在第 k 年的经济增长率和贴现率。格雷厄姆和韦伯分别用 2.5%、5.0%、7.5%、10.0%、15.0%、20.0% 的贴现率计算了美国 1969 年 14～75 岁男性的总人力资本价值。他们研究发现教育和人力资本高度正相关，在所有年龄组的数据都显示，受教育程度越高，预期终生收入越高[3]。

美国经济学家乔根森和弗梅尼提出的加入升学率的终生收入来估算人力资本

① DUBLIN L I, LOTKA A J. The money value of a man [J]. American journal of Sociology，1930，94 (2)：1528.

② WEISBROD B A.The valuation of human capital [J]. The journal of political economy，1961，69(5)：425-436.

③ GRAHAM J W, WEBB R H. Stocks and depreciation of human capital：new evidence from a present-value perspective [J]. Review of income and wealth，2010，25(2)：209-224.

存量的方法是现今在国际上使用最广泛的方法①。他们将生命周期划分为三个阶段：第一个阶段是在学校接受教育而不工作的阶段，第二个阶段是既可以去工作也可以在学校接受教育的阶段，最后一个阶段是正式工作不参加正式教育的阶段。同时，乔根森和弗梅尼假设不同年龄、性别和受教育程度的人群能体现人力资本价值的收入是不同的，将一个国家的人口按照年龄、性别和受教育程度分为不同群体，分别计算将每个群体贴现后的预期生命期的终生收入。公式如下：

$$H_{y,s,n,e} = \frac{Y_{y+1,s,n,e} + [E_{y+1,s,n,e}S_{y,s,n+1}H_{y,s,n+1,e} + (1-E_{y+1,s,n,e})S_{y,s,n+1}H_{y,s,n+1,e}](1+g)}{1+i}$$

$$(2\text{-}30)$$

$H_{y,s,n,e}$ 代表在第 y 年性别为 s、年龄为 n、受教育程度为 e 的个人的年收入，S 代表存活率，E 代表升学率。运用该公式计算出的美国人力资本存量远高于肯特里克②使用成本法估算的人力资本存量，美国人力资本存量是物质资本的 $12\sim16$ 倍。

不同于以上的基于终生预期收入的人力资本测算方法，穆里根和萨拉-伊-马丁提出了另外一种基于收入的人力资本指数测度法，简称 LIHK 方法。他们认为，虽然很多研究表明受教育程度和收入高度正相关，但不能说明收入一定受教育等人力资本因素的影响，总收入中除了人力资本带来的收入外，还包含了占有物质资本带来的收入，占有的物质资本越多，收入中物质资本带来的影响越大。为了消除这种影响，用总劳动收入除以未受教育者的收入，得出的比值为人力资本指数，该指数可以用来计算不同群体在不同时间段的人力资本存量。

使用该方法的前提条件有二：一是同一时间、同一地点未受教育者的人力资本是相同的；二是未受教育者的劳动可以被其他劳动力完全替代。穆里根和萨拉-伊-马丁使用 1940—1990 年六次普查数据计算了美国 48 个州的人力资本指数，发

---

① JORGENSON D W，FRAUMENI B M. Investment in education and U.S. economic growth[J]. Scandinavian journal of economics，1992，10(94)：51-70.

② Kendrick J W.The Fomation and Stocks of Total Capital[M].New York：Columbia university Press for NBER，1976,1-256

现美国人力资本在1940—1950年呈下降趋势，之后在1950—1990年稳步上升[①]。LIHK法的确提供了一种全新的、不同于终生预期收入法的人力资本测量方法，但该方法也有一定局限性，因为在现实情况中，劳动力市场并不是完全就业的状态，同时，除了人力资本，社会分配制度也会影响工资收入。另外，该方法受工资收入影响巨大，一旦经济出现波动，人力资本指数也会出现较大变化。

郑修改了穆里根和萨拉-伊-马丁的用未受教育者的劳动收入作为基准的测量方法，他提出一种用总劳动工资除以产业工人的劳动工资作为衡量人力资本指数的方法。该方法的前提假设是产业工人主要依靠体力而非技能来进行工作，而且不同国家的产业工人所含有的人力资本是相同的。运用该方法，郑测算了45个国家的人力资本水平，发现最高收入国家和最低收入国家的人力资本投入相差2.2～2.8倍[②]。

在我国，受限于数据的可得性和代表性，使用预期收入法来测量人力资本存量的文献较少。吴兵和王铮使用郑的模型，分别选取1991—2000年采掘业、制造业、电力、煤气及水的生产供应业和建造业数个不依靠强技术资本的传统工业职工的平均工资作为单位产业工人工资，用总劳动收入除以产业工人工资来代表总人力资本投入水平。研究发现，运用收入指数法测得的人力资本水平以上海市为最高，其余全国30个省、区、市（不包括香港、澳门、台湾地区）的人力资本普遍偏低，若能达到上海市的人力资本投入水平，国内生产总值可以提高25%左右。此外，吴兵和王铮还计算了31个省、区、市的平均受教育年限，以人力资本投入和平均受教育年限的比值来反映各省、区、市的人力资本利用程度，研究表明北京市对人力资本利用程度不高[③]。但该方法没有考虑到迁移人力资本给北京、上海等经济发达地区带来的巨大影响。

朱平芳和徐大丰拓展了穆里根与萨拉-伊-马丁的人力资本收入指数法的前提假设。假设一：单位人力资本不但未受过任何教育而且没有任何工作经验，只具备健康的身体素质和一些生活必备技能，只能从事最简单的体力劳动。假设二：单位人力资本不受经济波动影响，在同一时间、同一地点的劳动者工作差异反映了

① MULLIGAN, CASEY B, SALA-I-MARTIN X. A labor income-based measure of the value of human capital: an application to the states of the United States [J]. Japan and the world economy, 1997, 9 (2): 159-191.

② JEONG B. Measurement of human capital input acrosscountries: a method based on the laborer's income [J]. Journal of development economics, 2002, 67: 333-349.

③ 吴兵，王铮. 中国各省区人力资本测算研究[J]. 科研管理, 2004(4): 60-65.

自身的人力资本水平差异。朱平芳和徐大丰用人力资本收入指数法测算了中国1990—2004年195个地级以上城市的单位人力资本的效率工资水平与人均人力资本变化。研究发现,中国各城市总体人力资本水平呈现上升态势,但城际的人力资本差距在扩大[①]。

向钧和薛新伟简化了乔根森与弗梅尼终生收入法模型,将人群按年龄分为五个阶段,分别是15～25岁,26～35岁,36～45岁,46～55岁及56～65岁,分别计算了各个年龄段教育程度的劳动力收入人力资本存量。研究发现,我国2000年的人力资本总量是新西兰1990年人力资本总量的9倍,但人均人力资本只有1990年新西兰人均人力资本的0.95%。此外,我国城镇人均人力资本是农村人均人力资本的2.288倍,差距较大,并且还有进一步扩大的趋势[②]。

李海峥等采用乔根森与弗梅尼的终生收入法来测度中国的人力资本存量,他将人口按照不同年龄、性别和教育程度分为不同群体,具体划分标准为:男性60岁及以上,女性55岁及以上,既不上学也不工作的退休状态为第一阶段;25～59岁男性或25～54岁女性,工作但不再接受学校的正规教育为第二阶段;16～24岁,可能上学或工作为第三阶段;6～15岁,上学而没有工作为第四阶段;0～5岁,既不上学也不工作为第五阶段。将这五个阶段的人力资本相加就得到了从预期未来收入角度出发的人力资本存量等于一个国家总人口的预期未来终生收入公式:

$$H_y = \sum_s \sum_n \sum_e (h_{y,s,n,e} + nh_{y,s,n,e}) L_{y,s,n,e} \tag{2-31}$$

式中,H代表一个国家总人口的未来预期终生收入,即人力资本存量,$h_{y,s,n,e}$代表单个个体预期未来终生收入,s代表性别,n代表年龄,e代表受教育程度,$L_{y,s,n,e}$代表人口数。李海峥等运用明塞尔工资方程式和"中国城镇住户调查""中国健康和营养调查"等数据,计算了2000年前2 340个不同群体和2000年后2 808个不同群体的收入,并使用1996—2007年个人可购买的10年期国债平均利率—通货膨胀率得到折现率3.14%,对此之前人力资本存量进行折现,得出2007年的实际人力资本总量是113.15万亿元,是1985年的4倍。1986—2007年,实际人均GDP增长了6.8倍,而实际人均人力资本只增加了2.6倍,远远低于实际人均GDP的增长[③]。

① 朱平芳,徐大丰. 中国城市人力资本的估算[J]. 经济研究,2007(9): 84-95.
② 向钧,薛新伟. 人力资本存量计算方法的改进与试算[J]. 数学的实践与认识,2009(3): 63-68.
③ 李海峥,梁赟玲,BARBARA F,等. 中国人力资本测度与指数构建[J]. 经济研究,2010(8): 42-54.

使用未来收入法计算人力资本存量有许多优点。首先,收入法能够体现资本的收益性,这是资本最基本的一个属性。人们之所以进行教育、培训或迁移都是为了在未来增加收入,通过收入法来逆推人力资本,在逻辑上非常清晰并且易于解释,符合人力资本特别是资本的内涵定义。其次,相较于累积成本法,未来收入法的计算过程不需要计算折旧率,计算过程比较简便,操作性强。

但是,未来收入法还有许多缺陷是不容忽视的。未来收入法将人力资本的价值和工资货币的价值等同,但由于我国劳动市场存在工资刚性、信息不对称、非完全竞争、国家政策调整等情况,劳动者的收入并不能完全反映劳动者身上所蕴含的人力资本价值。此外,使用未来收入法来衡量人力资本价值需要完整而准确的统计数据,而在一些发展中国家普遍存在统计数据不足的问题,收入数据比投资数据更难获取。

我国现阶段的统计数据还不能满足采用未来收入法测量人力资本存量的条件,如缺少按不同年龄、性别区分的劳动力就业率、工资报酬等必要数据。采用此种方法的学者也大多使用其他来源数据和一系列复杂的假设来间接计算,使用的数据是否准确、可信,假设是否合理都将对人力资本测算结果产生显著影响。学术界对使用收入法时是否剔除维持成本存在争议。一部分学者回避这一问题,主张使用总收入法来衡量人力资本存量;而另一部分学者则主张从总收入中剔除维持成本,使用净收入来衡量人力资本存量。如何确定维持成本成为一个难题。最后,有的学者提出,未来收入法是将每个劳动者的预期收入加总得出总人力资本存量,而该人力资本对个人发展的贡献和对国家与地区经济发展的贡献是不能等同的[①]。

2.3.2 基于成本的计量方法

基于成本的人力资本测量方法的假设是,劳动者身上蕴含的知识和技能等人力资本,完全是通过后天培养形成的。成本法通过将人力资本资产化,运用会计成本核算的方法,用人力形成过程中的支出来体现人力资本存量。

最初使用成本法测量人力资本的是恩格尔。他认为一个人从 26 岁开始完全

---

① TINOCO T. Does education matter: myths about education and economic growth [J]. Financial theory & practice, 2001, 29(1): 123-126.

投入生产,那么人力资本就是父母养育孩子到 25 岁的总成本[①]。恩格尔的方法是对人类养育成本的简单加总,忽略了公共教育和卫生健康服务对人力资本形成的影响。

舒尔茨从人力资本的形成途径来讨论人力资本存量的计量问题。他认为人力资本的计量可以沿用物质资本的计量方法,有五种途径可以积累人力资本,分别是医疗和保健、正式教育、非企业组织的成人教育、在职培训和劳动迁移。而用该方法来计量人力资本存量困难之处在于:无论是理论还是实际应用,区分消费支出和投资支出都是十分困难的。舒尔茨将支出分为三类:一是满足消费偏好而不提高生产率的纯粹消费;二是提高生产力而不满足消费偏好的纯粹投资;三是既能满足消费偏好又能提高生产力的支出,此类支出部分是消费,部分是投资[②]。

肯特里克综合应用了恩格尔和舒尔茨的人力资本测量方法,他将人力资本投资分为有形投资和无形投资。有形投资类似于恩格尔的身体养育支出,但范围缩小到 0~14 岁,劳动年龄更小。无形投资是指为提高生产率或劳动质量而必须支出的成本,这包括教育和培训、迁移、健康和安全与学生上学的机会成本。用该方法肯特里克测算了 1929—1969 年美国人力资本存量,研究发现除了 1929—1956 年,人力资本存量大于物质资本存量。1969 年,人力资本增速达到 6.3%,超过物质资本 4.9%的增长速度[③]。

艾斯纳尔修改了肯特里克的人力资本投资范围,他认为科学研发费用和家庭支出也应被纳入人力资本投资。例如家庭健康服务支出,一半是用于人力资本投资,而另一半则是生命维持费用或现时消费。艾斯纳尔认为非特殊的一般性职业的人力资本具有 50 年的使用年限,而对人力资本存量做了 50 年的直线折旧。根据他的计算方法,1981 年,美国健康、教育、培训等人力资本占到了总资本的 45%,而科学研发费用占总资本的 2.7%,人力资本存量合计占总资产的 47.7%[④]。

在我国,相较于收入法,使用成本法来测度人力资本存量的学者有很多,如张帆、孙景蔚、钱雪亚、焦斌龙和焦志明等,他们从累积成本的角度来测度人力资本

① ENGEL E. Der werth des menschen [M]. Berlin:Verlag Von leonhard simion,1966:58-104.

② 舒尔茨.论人力资本投资[M].吴珠华,等译.北京:北京经济学院出版社,1990:8-10.

③ KENDRICK J. The formation and stocks of total capital [M]. New York:Columbia University Press for NBER,1976.

④ EISNER R. The total incomes system of accounts [J]. Review of income and wealth,1985,37(4):455-460.

存量。

张帆按照肯德里克的人力资本设定范围,使用每年净投资累加的方法分别估计了中国 1953—1995 年的物质资本、无形非人力资本和人力资本存量,并将结果和肯德里克测算的美国人力资本进行了比较。张帆认为人力资本投资包括教育投资、健康投资和抚养儿童到 15 岁的费用,科学研发费用不属于人力资本,而属于无形非人力资本。张帆的研究表明,中国人力资本存量在 1953 年为 11 900 亿元,到 1995 年已经增长到 41 555 亿元,同时,人力资本在总投资中的占比也从 1978 年的 14.76%,上升到 1995 年的 16.22%[①]。但张帆对人力资本存量的测算并未给出数据来源和计算人力资本折旧的具体方法。

孙景蔚运用成本法分别估算了 1990—2002 年全国、上海市、浙江省和江苏省的人力资本投资和存量。孙景蔚假设人力资本是由教育、卫生保健和培训形成的,不考虑消费和"干中学"的影响,将人力资本的损耗定义为维持自身人力资本正常生产能力的"维护"和"补偿",人力资本损耗受人力资本存量、知识更新和技术进步速度、人口年龄结构和人力资本投资效率的影响。在这种前提假设下,日常生活消费支出中的教育和卫生保健支出既是人力资本损耗也是人力资本投资。同时,他在估算地区人力资本存量时还要考虑从外省、区、市流入的暂住人口所代表的人力资本[②]。但在计算过程中,由于数据限制,把教育支出也算入人力资本损耗是不可取的,并且根据舒尔茨人力资本投资的定义,医疗卫生保健是为了保持人力资本使用而必需的投资,所以,不能直接认为医疗保健支出越多,人力资本的损耗越大,这种逻辑关系并不成立。

钱雪亚等用永续盘存法估算人力资本存量具有合理性和可行性。公式如下:

$$H_t = (1-\delta)H_{t-1} + I_t \qquad (2\text{-}32)$$

式中,H_t、H_{t-1} 分别为 t 期和 $t-1$ 期的人力资本存量,δ 为 t 期的人力资本折旧率,I_t 为 t 期人力资本投资流量。钱雪亚等对关键变量初期人力资本存量 H_0、折旧率 δ、报告期投资额 I_t、投资价格指数做了处理,选取教育培训和卫生保健的基础数据,对 1995—2005 年中国各省、区、市人力资本存量进行了估算。研究表明,1995 年中国人力资本存量为 1.13 万亿元,占全部资本的 11.91%,到 2005 年,

① 张帆. 中国的物质资本和人力资本估算[J]. 经济研究,2000(8):65-71.
② 孙景蔚. 基于损耗的人力资本估算——以长江三角洲经济区三省市为例[J]. 中国人口科学,2005(2):63-69,98.

中国人力资本存量上升到 3.57 万亿元,但人力资本占全部资本的比重却下降到 10.92%[①]。

焦斌龙和焦志明采用永续盘存法对中国 1978—2007 年的人力资本进行了估算。他们将人力资本的形成途径分为五个方面,分别是教育、卫生、科研、培训和迁移。和钱雪亚等不同,焦斌龙和焦志明使用 GDP 平减指数来代替人力资本投资价格指数,并使用直线折旧法来计算人力资本折旧率。折旧率＝1/人力资本平均寿命。不同的人力资本具有不同的使用寿命,折旧率也不同。根据焦斌龙和焦志明的估算,中国的人力资本存量从 1978 年的 1 335.364 亿元增长到 2007 年的 43 190.23 亿元,年均增长 12.73%[②]。

成本法是一种直观的可用于教育、培训、卫生保健等人力资本测算的方法。

(1)成本法从理论上符合人力资本投资和人力资本积累的基本概念与范畴[③]。人力资本是通过卫生保健、教育、培训等途径形成的,投入成本越高,累积的人力资本存量就越多。

(2)成本法大体延续了使用永续盘存法估算物质资本的思想,符合会计资产核算原则,更有利于比较研究物质资本和人力资本在经济增长中的贡献。并且在现实中,基于成本的人力资本估算方法所需数据相较于收入法更加全面和详细。当然,成本法并不是毫无缺点的。众所周知,资本的价值并不取决于成本或生产率,而取决于对资本的需求,所以成本法无法真实反映人力资本在实际生产中的作用。有学者评价道:"生产成本法的用处不大。因为一个项目的生产成本和它的经济价值之间并没有必然联系。"[④]

成本法忽视了人的个人禀赋对人力资本积累的影响。由于个体差异,人力资本投入所形成的增量也是不同的,受个体因素影响较大。例如养育一个体弱并且天赋较低的孩子的投入要大于养育一个体质强健并且天赋较高的孩子,但并不能说明前一个孩子身上蕴含的人力资本比后一个孩子要高[⑤]。成本法假设同样的人

① 钱雪亚,王秋实,刘辉. 中国人力资本水平再估算:1995—2005[J]. 统计研究,2008(12):3-10.

② 焦斌龙,焦志明. 中国人力资本存量估算:1978—2007[J]. 经济学家,2010(9):27-33.

③ 钱雪亚,周颖. 人力资本存量水平的计量方法及实证评价[J]. 商业经济与管理,2005(2):3-8.

④ KIKER B F. The historical roots of the concept of human capital [J]. Journal of political economy,1966,74(5):481-499.

⑤ LE T,GIBSON J,OXLEY L. Measures of human capital:a review of the literature[R]. New Zealand Treasury Working Paper Series with number 05/10,2005.

力资本投资在个人身上所形成的人力资本积累都是同质同量的,这样的测量结果和现实情况必定产生误差。

按照阿罗的"干中学"的理论,成本法无法实际衡量干中学所积累的人力资本。干中学所积累的人力资本与时间长短有关,越是长时间从事一项工作越能在干中学中积累更多的人力资本,但现在的研究无法就干中学人力资本的存量给出很好的估算方法。

大多数学者在使用累积成本法的时候都参照物质资本的计量方法采用永续盘存法。其中选择恰当的折旧率和贴现率非常重要,不同的折旧率和贴现率对最终人力资本存量的计算有着显著影响。

某些具体的人力资本投资成分很难界定,这些投资既具有投资的特点,又具有消费的特点,主观性较强。如肯特里克认为养育儿童到 14 岁的所有花费都是人力资本的有形投资,包括食物和衣物的支出[①]。但鲍曼认为如果把这些支出算入人力资本投资是把人当作奴隶对待[②]。马克卢普赞同鲍曼的观点,认为这些基本支出应被视为消费而不是投资[③]。人力资本的集中投资途径都面临着如何区别消费和投资的问题。现在研究者在区分人力资本投资和消费方面还比较随意,而这种随意性将对基于成本法估算出来的人力资本产生比较大的影响。

2.3.3 基于教育指标的计量方法

教育是推动人力资本增长的重要因素,不同于基于收入或基于成本用货币价值来衡量人力资本存量的方法,基于教育指标的测量方法是用国民受教育程度来估计人力资本水平。具体的方法有十几种,最常用的方法包括教育质量指标法、总受教育年限法和平均受教育年限法。

巴罗和李用基于教育质量的方法来估算人力资本水平。教育质量的相关指标有每名学生的公共教育支出、小学师生比、教师工资、在校年限、留级率和辍学率

---

① KENDRICK W, Lethem Y, Rowley E, The Formation and Stocks of Total Capital[M]. Columbia University Press, New York, 1976,11(3): 1-28.

② BOWMAN M J. Economics of education [J]. Review of educational research, 1969, 39(5): 641-670.

③ MACHLUP F. The economics of information and human capital [M]. Princeton, New Jersy, Princeton University Press, 1984.

等。此外,巴罗和李还提出了用成人和高中生的国际测验分数来代表人力资本水平[1]。该测验可以较好地衡量一个人的认知技能和教育成果,同时,该测验成果可以用于国际比较。理论上,该测验方法是一种非常好的人力资本测量指数。

总受教育年限法是另外一种应用比较广泛的人力资本测量方法,该方法是将劳动力按受教育程度分层,根据不同层次劳动力受教育年限不同进行加权求和,公式如下:

$$H_t = \sum_{i=1} \mathrm{HE}_{it} e_i \qquad (2\text{-}33)$$

其中,H_t 为 t 年的人力资本受教育总年限,HE_{it} 为第 t 年第 i 学历层次劳动力人数,e_i 为第 i 学历水平的受教育年限。侯亚非和曹颖将劳动力按受教育年限分为五个层次,分别是文盲和半文盲、小学、初中、高中、大专和以上,相对应的每个层次受教育年限为 1 年、5 年、8 年、11 年和 15 年。按照公式加权计算出中国人力资本存量从 1982 年 280 147 万人年增长到 1995 年的 407 581 万人年[2]。

孙旭构建了包含受教育年限与工龄共两个因素的模型,个人在年龄为 t 时的人力资本存量模型公式如下:

$$H_t = H_0 + f(H_0, W_t) - g(H_0, W_t) \qquad (2\text{-}34)$$

其中,H_0 表示受教育年限的估算,通过正规教育获得的人力资本存量的初始值。H_t 表示内生化的年龄为 t 的人力资本存量,W_t 表示工龄,可以反映个人的工作经验,工作经验越多,通过干中学积累的人力资本越多。$f(H_0, W_t)$ 表示个人通过在职培训或“干中学”增加的经验和技能等方面的人力资本。$g(H_0, W_t)$ 表示随着年龄增长而降低的人力资本,通常包括体能、学习创新的能力下降,还有随着时间的推移个人所掌握的知识和技能逐渐被新知识、新技术所淘汰的程度。公式的关键是 $f(H_0, W_t)$ 和 $g(H_0, W_t)$ 函数的具体形式。孙旭利用“五普”数据估算了中国 15～64 岁劳动力人口的人力资本存量为 1 103 018.8 万个单位[3]。

部分学者使用引入教育收益率的受教育年限累积法来计算人力资本存量。姚洋和崔静远认为不同年代、不同年龄的个体接受的教育质量是不同的,不应该将受教育年限简单相加,应将不同质量的受教育年限按教育收益率换算为同质量的受

① BARRO R J, LEE J. International data on educational attainment: updates and implications [J]. Oxford economic papers, 2001, 53(3): 541-563.

② 侯亚非,曹颖. 人力资本存量质量浅析[J]. 中国人口科学,2000(6): 43-48.

③ 孙旭. 基于受教育年限和年龄的人力资本存量估算[J]. 统计教育,2008(6): 19-23.

教育年限[①]。周云波等运用明塞尔人力资本收益模型来计算引入教育收益率的人力资本存量,公式如下:

$$H = e^{\phi(E)} L \tag{2-35}$$

式中,H 为不同受教育年限下的人力资本存量,L 为单一简单劳动力水平,$\phi(E)$ 为教育收益率。按照式(2-35),可将不同教育质量受教育年限的人力资本存量换算为简单劳动力的倍数。周云波引用 Hossain[②] 提供的中国教育收益率在高等教育阶段为 0.151,中学教育阶段为 0.134,小学教育阶段为 0.180,计算出中国 1997—2007 年人力资本存量变化[③]。

教育指标法是一种通过计算人力资本中最重要的因素——教育,来反映人力资本存量的方法。该种方法的优点是计算简单高效,较易获得准确、可信的数据,并且这种教育数据比较容易进行国际比较。该种方法的缺点有四:第一,教育质量法中采用的各项指标间相关性较弱,测量结果受随机影响较大;第二,受教育年限法被认为是对教育指标的简单计算,无视学历层次的高低,认为每一年教育所积累的人力资本都是相同的,估算出的结果通常强调教育数量的重要性而忽视教育质量;第三,引入教育收益率计算人力资本的学者所设的教育收益率较为随意,例如,张琦将我国教育各级收益率统一确定为 9%[④],云伟宏认为中国教育收益率为 10%,并以此计算了中国人力资本存量[⑤];第四,教育指标法仅仅考虑教育在人力资本投资中的作用,而忽视了培训、迁移、卫生保健等其他投资对人力资本的影响。

2.3.4　基于多指标综合的计量方法

多指标综合的计量方法是通过构建人力资本的指标体系,利用指标综合的方法对人力资本存量进行测度[⑥]。人力资本存量测量方法比较如表 2-1 所示。

---

① 姚洋,崔静远. 中国人力资本的测算研究[J]. 中国人口科学,2015(1):70-78,127.

② HOSSAIN S I. Making education in China equitable and efficient[R]. Policy Research Working Paper,1997.

③ 周云波,武鹏,余泳泽. 中国区域农村人力资本的估算及其时空特征[J]. 中国人口·资源与环境,2010(9):165-170.

④ 张琦. 我国人力资本存量的测算[J]. 统计与决策,2007(5):75-76.

⑤ 云伟宏. 中国人力资本估算及其对中国经济增长的贡献[J]. 湖北经济学院学报,2009(4):18-26.

⑥ 韩胜娟. 国内学者人力资本存量测算方法的比较与展望[J]. 华东交通大学学报,2012(2):94-100.

表 2-1　人力资本存量测量方法比较

方法	优　点	缺　点
成本法	1. 成本法从理论上符合人力资本投资和人力资本积累的基本概念与范畴; 2. 成本法大体延续了使用永续盘存法估算物质资本的思想,符合会计资产核算原则,有利于比较研究物质资本和人力资本在经济增长中的贡献; 3. 在现实中,基于成本的人力资本估算方法所需数据相较于收入法更加全面和详细	1. 成本法无法真实反映人力资本在实际生产中的作用; 2. 成本法忽视了人的个人禀赋对人力资本积累的影响; 3. 成本法无法实际衡量干中学所积累的人力资本; 4. 在成本法的永续盘存法中,确定一个恰当的贴现率很困难; 5. 某些具体的人力资本投资既具有投资的特点,又具有消费的特点,成分很难界定
收入法	1. 能够体现资本的收益性,符合人力资本特别是资本的内涵定义; 2. 收入法的计算过程不需要计算折旧率,计算过程比较简便,操作性强	1. 将人力资本的价值和工资货币的价值等同,现实中劳动者的收入并不能完全反映劳动者身上所蕴含的人力资本价值; 2. 我国目前的统计数据还不能满足采用收入法测量人力资本存量的条件; 3. 学界对使用收入法时是否剔除维持成本存在争议; 4. 收入法所测算人力资本是对个人的预期收入的加总,不等同于人力资本对国家和地区经济发展的贡献
教育指标法	1. 计算简单高效; 2. 较易获得准确、可信的数据; 3. 教育数据比较容易进行国际比较	1. 教育各项指标间相关性较弱,测量结果受随机影响较大; 2. 受教育年限法无视学历层次的高低,认为每一年教育所积累的人力资本都是相同的,强调教育数量的重要性而忽视教育质量; 3. 教育收益率设定较为随意; 4. 教育指标法忽视了培训、迁移、卫生保健等其他投资对人力资本的影响
多指标法	1. 计算方法成熟简便; 2. 从多方面综合考量人力资本; 3. 不需要假设某种贴现率或折旧率等数值	1. 不同学者构建的人力资本测量体系,选取指标并不相同; 2. 缺乏科学而统一的测量标准; 3. 大多数指标之间没有相同的测量单位,难以进行加总

孙东生和易加斌将人力资本存量划分为教育性人力资本(包括教育经费占

GDP 的比例、高等教育、中等教育和职业教育的在学率、专业研究人员比率、员工培训重视度、员工培训范畴、知识转移程度、合作研究程度、高等教育适应程度)、健康型人力资本(包括医疗支出占 GDP 的比例、医生从业人员比例、预期寿命)和流动性人力资本(包括人才外流程度、人才吸引程度、人才净迁移率)3 个维度 16 项测量指标,对国际 55 个主要国家的人力资本存量指数进行比较分析,发现中国的人力资本存量综合指数排名第 39 位,处于第三梯队。

孙东生和易加斌研究发现三种人力资本均对经济增长有正向影响,但三种人力资本之间,健康型人力资本和教育性人力资本、流动性人力资本之间,均为正向关系。教育性人力资本与流动性人力资本存在负向关系,即人力资本存量中教育资本越多越不利于劳动力的流动[1]。但这与现实观察到的劳动力受教育水平越高越向经济发达地区迁移的现实情况不符。

逯进与侯传璐运用耦合优化原理,构建了人力资本和经济增长的系统耦合模型来研究人力资本与经济增长的相互协调发展模式。逯进与侯传璐按身体素质和脑力素质将人力资本分解为医疗保健、生活质量、教育规模、创新能力、文化环境 5 个维度,将经济增长水平分解为增长水平、开放程度、产业结构、市场化率 4 个维度。研究表明 1982—2011 年,我国人力资本和经济增长指数与系统耦合度从状态和速度看均表现为由东至西依次递减态势[2]。

该方法的优点是计算方法成熟简便,从多方面综合考量人力资本,不需要假设某种贴现率或折旧率等数值。缺点是不同学者构建的人力资本测量体系,选取指标并不相同,缺乏科学而统一的测量标准,并且大多数指标之间没有相同的测量单位,难以进行加总。韩胜娟认为多指标法适用于建立人力资本指数,不适用于估算人力资本存量的大小[3]。

---

[1] 孙东生,易加斌. 人力资本存量与经济增长关系实证研究——基于国际比较视角[J]. 商业研究,2013(9):7-15.

[2] 逯进,侯传璐. 我国人力资本与经济增长的关联性特征分析[J]. 人口与发展,2015(5):2-10.

[3] 韩胜娟. 国内学者人力资本存量测算方法的比较与展望[J]. 华东交通大学学报,2012(2):94-100.

2.4　物质资本计量方法

对物质资本存量的测算方法大多使用戈登史密斯（Goldsmith）在 1951 年开创的永续盘存法①。该方法的主要思想是，当年物质资本存量是当年物质资本投资额加上上一年物质资本存量，再减去折旧。使用永续盘存法测算主要涉及四个关键变量，分别是初始物质资本存量、物质资本投资价格指数、物质资本投资额和物质资本折旧率。下面对这四个关键变量进行分析。

2.4.1　初始物质资本存量的计量方法

焦斌龙在计算人力资本 1978 年基期存量时假定在改革开放初期，人力资本存量和投资额都较小，对居民收入影响不大，可以假定相邻两年人力资本收入比相同，通过列出方程可得到初始人力资本存量值。但物质资本不同于人力资本，无论将基期年份定为 1952 年还是 1978 年，都无法将相邻两年的物质资本产出比等同，所以初始物质资本存量的测算与初始人力资本存量的测算差异较大。大体上可分为三种方法。

第一种方法是假定一个资本产出系数，那么初始物质资本存量＝产出水平×资本产出系数。波金斯假定我国 1953 年的资本产出系数为 3，计算出我国 1953 年的资本总量为 2 145 亿元②。

许多学者沿用了波金斯的假定，计算了我国 1953 年的物质资本存量，如张军

① GOLDSMITH R W. A perpetual inventory of national wealth[R]. Studies in Income and Wealth, Volume 14.NBER, 1951: 5-73.

② 波金斯. 中国经济体制改革（二）[J]. 管理世界，1989(1)：59-73.

扩①、何枫等②、毛军③。霍尔茨假定我国 1952 年的资本产出比为 0.6④，邹至庄和李假定我国 1952 年的资本产出比为 3.75⑤。

第二种方法是折旧—贴现法。基期物质资本存量为基期物质资本投资额除以一段时期内投资额平均增长率与折旧率之和。我国学者在投资额增长率和折旧率的取值方法各不相同。张军等直接将投资额增长率和折旧率之和取值 10％⑥。徐现祥等用 1978—2002 年各省、区、市各产业的增长率代替投资额增长率并将折旧率设定为 3％⑦。

陈昌兵选择 1978 年为基期年份，按照 3％～11％的折旧率用两种不同方法计算初始物质资本存量：一种是将投资额除以 1973—1983 年的 GDP 增长率均值和折旧率之和，另一种是将投资额除以 1973—1983 年固定资本形成总额增长率均值。按第一种方法测算出我国 1978 年物质资本存量在 11 270.94 亿～20 271.32 亿元（1990 年价），按第二种方法测算出我国 1978 年物质资本存量在 10 581.38 亿～18 144.65 亿元（1990 年价）⑧。

第三种方法是初始物质资本存量为过去所有投资的总和。但这种方法没有考虑过去所有投资额的折旧，估计的初始物质资本存量可能过高。吴测算出我国 1981—1995 年固定资产增长率为 21.5％，明显高于其他学者的测算值⑨。

2.4.2　物质资本投资价格指数的计量方法

国家统计局在 1991 年之前没有公布固定资产投资价格指数，对 1990 年前的物质资本投资价格指数，各位学者提出了不同的替代方法。

① 张军扩. "七五"期间经济效益的综合分析——各要素对经济增长贡献率测算[J]. 经济研究，1991(4)：8-17.
② 何枫，陈荣，何林. 我国资本存量的估算及其相关分析[J]. 经济学家，2003(5)：29-35.
③ 毛军. 我国资本存量估算方法比较与重估[J]. 河南社会科学，2005(2)：75-78.
④ HOLZ C A. New capital estimates for China [J]. China economic review, 2006, 17(2): 142-185.
⑤ CHOW G C, LI K W. China's economic growth: 1952—2010[J]. Economic development and cultural change, 2002, 51(1): 247-256.
⑥ 张军，吴桂英，张吉鹏. 中国省际物质资本存量估算：1952—2000[J]. 经济研究，2004(10)：35-44.
⑦ 徐现祥，周吉梅，舒元. 中国省区三次产业资本存量估计[J]. 统计研究，2007(5)：6-13.
⑧ 陈昌兵. 可变折旧率估计及资本存量测算[J]. 经济研究，2014(12)：72-85.
⑨ WU Y. Is China's economic growth sustainable? A productivity analysis [J]. China economic review, 2000, 11(3): 278-296.

　　第一种方法是利用其他指数进行替代。贺菊煌[①]和邹至庄[②]学者使用积累指数代替,王小鲁和樊纲使用 GDP 平减指数替代[③],黄勇峰等利用零售物价指数替代[④],宋海岩等采用全国建筑材料价格替代 1978—1990 年的固定资产投资价格指数[⑤],李治国和唐国兴对上海的固定资产投资价格指数进行线性回归,拟合出 1991年前的全国固定资产投资价格指数[⑥]。张军和章元[⑦]与薛俊波和王铮[⑧]则直接采用上海市固定资产投资价格指数来替代。

　　第二种方法是通过计量间接构造投资价格指数。杰弗森等通过对机器设备指数和建筑安装指数的加权平均间接构造了固定资产投资价格指数[⑨]。古明明和张勇也采用该方法计算出 1978—1990 年固定资产投资价格指数的近似数[⑩]。此外,运用《中国国内生产总值核算历史资料(1952—2004)》中公布的固定资本形成指数间接计算物质资本投资价格指数的学者较多,如毛军[⑪]、徐现祥等[⑫]、单豪杰[⑬]、孙辉等[⑭]、叶宗裕[⑮]、靖学青[⑯]、陈昌兵[⑰]。可见,在投资价格指数上各位学者基本达成共识,当年的物质资本投资价格指数是当年物质资本投资流量除以上年物质资本投

　　① 贺菊煌. 我国资产的估算[J]. 数量经济技术经济研究,1992(8):24-27.
　　② CHOW G C. Capital formation and economic growth in China [J]. Quarterly journal of economics,1993,108(3):809-842.
　　③ 王小鲁,樊纲. 中国经济增长的可持续性——跨世纪的回顾与展望[M]. 北京:经济科学出版社,2000.
　　④ 黄勇峰,任若恩,刘晓生. 中国制造业资本存量永续盘存法估计[J]. 经济学(季刊),2002(1):377-396.
　　⑤ 宋海岩,刘淄楠,蒋萍,等. 改革时期中国总投资决定因素的分析[J]. 世界经济文汇,2003(1):44-56.
　　⑥ 李治国,唐国兴. 资本形成路径与资本存量调整模型——基于中国转型时期的分析[J]. 经济研究,2003(2):34-42.
　　⑦ 张军,章元. 对中国资本存量 K 的再估计[J]. 经济研究,2003(7):35-43.
　　⑧ 薛俊波,王铮. 中国 17 部门资本存量的核算研究[J]. 统计研究,2007(7):49-54.
　　⑨ JEFFERSON G H,ZHENG Y. Growth, efficiency, and convergence in China's state and collective industry [J]. Economic development & cultural Change,1992,40(2):239-266.
　　⑩ 古明明,张勇. 中国资本存量的再估算和分解[J]. 经济理论与经济管理,2012(12):29-41.
　　⑪ 毛军. 我国资本存量估算方法比较与重估[J]. 河南社会科学,2005(2):75-78.
　　⑫ 徐现祥,周吉梅,舒元. 中国省区三次产业资本存量估计[J]. 统计研究,2007(5):6-13.
　　⑬ 单豪杰. 中国资本存量 K 的再估算:1952—2006 年[J]. 数量经济技术经济研究,2008(10):17-31.
　　⑭ 孙辉,支大林,李宏瑾. 对中国各省资本存量的估计及典型性事实:1978~2008[J]. 广东金融学院学报,2010(3):103-116,129.
　　⑮ 叶宗裕. 中国资本存量再估算:1952—2008[J]. 统计与信息论坛,2010(7):36-41.
　　⑯ 靖学青. 中国省际物质资本存量估计:1952—2010[J]. 广东社会科学,2013(2):46-55.
　　⑰ 陈昌兵. 可变折旧率估计及资本存量测算[J]. 经济研究,2014(12):72-85.

资流量和当年固定资本形成指数的乘积。

2.4.3 物质资本投资额的计量方法

对物质资本投资额指标的选取大体有以下几种。一是采用物质产品平衡体系（MPS）中的积累额,优点是无须考虑折旧问题,缺点是我国自 1993 年后采用联合国国民经济核算体系（SNA）后积累额的数据已不再公布,1993 年之后的数据是缺失的。二是采用全社会固定资产投资额,如王小鲁和樊纲[①]、张军和施少华[②]、郭庆旺和贾俊雪[③]采用该指标。但该指标中包括不形成固定资产的土地购置费、旧设备购置费等内容。使用该指标会高估物质资本存量。三是新增固定资产投资,该指标忽略了通胀因素,无法利用价格指数进行不变价处理。四是资本形成总额（固定资本形成总额）。资本形成总额中,包括存货和固定资本形成总额。但存货在当年并未形成生产能力,并且存货数据变动和折旧率变化都较大,所以许多学者采用固定资本形成总额作为物质资本投资流量,如张军等[④]、薛俊波和王铮[⑤]、徐现祥等[⑥]、单豪杰[⑦]、孙辉等[⑧]、叶宗裕[⑨]、李宾[⑩]、靖学青[⑪]、陈昌兵[⑫]。

2.4.4 物质资本折旧率的计量方法

我国学者对物质资本折旧额或折旧率的争议是最大的。除少数学者,如贺菊

① 王小鲁,樊纲. 中国经济增长的可持续性——跨世纪的回顾与展望[M]. 北京:经济科学出版社,2000.
② 张军,施少华. 中国经济全要素生产率变动:1952—1998[J]. 世界经济文汇,2003(2):17-24.
③ 郭庆旺,贾俊雪. 中国潜在产出与产出缺口的估算[J]. 经济研究,2004(5):31-39.
④ 张军,吴桂英,张吉鹏. 中国省际物质资本存量估算:1952—2000[J]. 经济研究,2004(10):35-44.
⑤ 薛俊波,王铮. 中国 17 部门资本存量的核算研究[J]. 统计研究,2007(7):49-54.
⑥ 徐现祥,周吉梅,舒元. 中国省区三次产业资本存量估计[J]. 统计研究,2007(5):6-13.
⑦ 单豪杰. 中国资本存量 K 的再估算:1952—2006 年[J]. 数量经济技术经济研究,2008(10):17-31
⑧ 孙辉,支大林,李宏瑾. 对中国各省资本存量的估计及典型性事实:1978~2008[J]. 广东金融学院学报,2010(3):103-116,129.
⑨ 叶宗裕. 中国资本存量再估算:1952—2008[J]. 统计与信息论坛,2010(7):36-41.
⑩ 李宾. 我国资本存量估算的比较分析[J]. 数量经济技术经济研究,2011(12):21-36.
⑪ 靖学青. 中国省际物质资本存量估计:1952—2010[J]. 广东社会科学,2013(2):46-55.
⑫ 陈昌兵. 可变折旧率估计及资本存量测算[J] 经济研究,2014(12):72-85.

煌[①]、张军和章元[②]采用积累额口径回避折旧问题,我国学者对固定资产折旧率或折旧额的处理方法主要有以下几种。一是直接假定不同的折旧率。例如波金斯[③]和王小鲁等[④]假定折旧率为 5%,霍尔等[⑤]、王桂新和陈冠春[⑥]、孙辉等[⑦]将其假定为 6%,龚六堂和谢丹阳[⑧]将折旧率假定为 10%。二是根据固定资产的平均寿命和法定残值计算出来的。张军等[⑨]和单豪杰[⑩]根据对建筑、设备的不同寿命预期分别加权计算出固定资产的折旧率为 9.6% 和 10.96%;叶宗裕认为根据固定资产投资结构进行加权计算得出的折旧率误差较大,应分别计算建筑和设备的资本存量及其折旧率[⑪]。三是在不同时间段设定不同的折旧率,但测算折旧率的方法各不相同。靖学青将 1952—1977 年的折旧率统一为 3%,1978—1992 年的折旧率统一为 5%,1993—2000 年不假定折旧率,而是选择各省、区、市公布的折旧额加总[⑫];乔红芳将 1952—2012 年根据 10 个年份的《中国投入产出表》划分为 11 个区间,假设区间年份折旧率相等,测算了各区间的平均折旧率[⑬]。

① 贺菊煌. 我国资产的估算[J]. 数量经济技术经济研究,1992(8):24-27.

② 张军,章元. 对中国资本存量 K 的再估计[J]. 经济研究,2003(7):35-43.

③ 波金斯. 中国经济体制改革(二)[J]. 管理世界,1989(1):59-73.

④ 王小鲁,樊纲. 中国经济增长的可持续性——跨世纪的回顾与展望[M]. 北京:经济科学出版社,2000.

⑤ HALL R E, JONES C I. Why do some countries produce so much more output per worker than others? [J]. The quarterly journal of economics,1999,114(1):83-116.

⑥ 王桂新,陈冠春. 上海市物质资本存量估算:1978~2007[J]. 上海经济研究,2009(8):65-76.

⑦ 孙辉,支大林,李宏瑾. 对中国各省资本存量的估计及典型性事实:1978~2008[J]. 广东金融学院学报,2010(3):103-116,129.

⑧ 龚六堂,谢丹阳. 我国省份之间的要素流动和边际生产率的差异分析[J]. 经济研究,2004(1):45-53.

⑨ 张军,吴桂英,张吉鹏. 中国省际物质资本存量估算:1952—2000[J]. 经济研究,2004(10):35-44.

⑩ 单豪杰. 中国资本存量 K 的再估算:1952—2006 年[J]. 数量经济技术经济研究,2008(10):17-31.

⑪ 叶宗裕. 中国资本存量再估算:1952—2008[J]. 统计与信息论坛,2010(7):36-41.

⑫ 靖学青. 中国省际物质资本存量估计:1952—2010[J]. 广东社会科学,2013(2):46-55.

⑬ 乔红芳. 基于实物资本与人力资本最佳配置的中国经济潜在增长率研究[D]. 泉州:华侨大学,2016.

第3章
我国人力资本存量的定量分析

本章首先阐述了我国人力资本存量的计量方法,分析了用永续盘存法计算人力资本存量涉及的四个关键变量,之后分别计算了我国 1978—2015 年总人力资本存量和人均人力资本存量,并分析了该阶段我国各类人力资本存量的动态变化。

3.1　人力资本存量的计算

在综合比较几种人力资本存量测度方法,并考虑到相关统计数据在中国的获取,本书借鉴焦斌龙、焦志明[①]的思路采用成本法中的永续盘存法对我国 1978—2015 年人力资本存量进行估算。基本方法为 t 期人力资本存量等于 $t-1$ 期人力资本存量减去人力资本折旧后加上 t 期新增人力资本投资额之和,公式如下:

$$H_t = \sum_{i=1}^{5} H_{it} = \sum_{i=1}^{5} \left[(1-\delta_i) H_{i(t-1)} + I_{it} \right] \tag{3-1}$$

如式(3-1)所示,使用永续盘存法估算我国人力资本存量,涉及四个关键变量,

---

① 焦斌龙,焦志明. 中国人力资本存量估算:1978—2007[J]. 经济学家,2010(9):27-33.

分别是初期人力资本存量、各项人力资本投资、人力资本投资价格指数和人力资本折旧率。本节将对这四个变量如何选取和计算进行说明。

3.1.1　初期人力资本存量的计算

不同的学者对初期人力资本存量估算有不同的方法。肯特里克在计算初期人力资本存量时,从 1995 年往回倒推计算初期 1929 年,根据 1995 年间的人口年龄、死亡分布和人力资本投资计算出初期人力资本存量[①]。该方法比较全面而精确地考察了计算期内所有人口的历史人力资本投资状态,但现在中国的统计数据还不够完善,无法用该方法估算初期人力资本存量。

孟望生、王询在计算初期人力资本存量 H_0 时使用了"增量时间序列模拟法"。他们认为某一年人力资本存量是过去人力资本投资的总和,按时间序列 t 年的人力资本投资为 $\Delta H(t) = \Delta H^0 e^{\lambda t}$,并以 1996 年为基期计算出全国各省、区、市的初始人力资本存量,计算了全国初始人力资本总和为 43 064.9 亿元(1996 年价)[②]。

本书借鉴焦斌龙和焦志明的思路来计算我国以 1978 年为基期的初始人力资本存量。焦斌龙和焦志明使用改良后的物质资本存量的计算方法来估算以 1978 年为基期的我国初始人力资本存量[③]。他们认为在中国改革开放初期,人力资本对居民收入的影响不大,所有相邻两年人力资本收入比相同。通过这一假设,得到等式如下:

$$\frac{(1-\delta)H^0_{1977} + \mathrm{HI}_{1978}}{I_{1978}} = \frac{[(1-\delta)H^0_{1977} + \mathrm{HI}_{1978}](1-\delta) + \mathrm{HI}_{1979}}{I_{1979}} \quad (3\text{-}2)$$

其中,H^0_{1977} 为 1977 年初始人力资本存量,HI_{1978} 为 1978 年该种人力资本投资额,HI_{1979} 为 1979 年该种人力资本投资额,I_{1978} 和 I_{1979} 分别是 1978 年、1979 年的居民收入总额,δ 为该种人力资本折旧率,则通过求解该方程式可得 1977 年初始人力资本存量。

①　Kendrick J W.The Fomation and Stocks of Total Capital[M].New York：Columbia university Press for NBER，1976,1-256

②　孟望生,王询. 中国省级人力资本水平测度——基于成本法下的永续盘存技术[J]. 劳动经济研究,2014(4)：141-160.

③　焦斌龙,焦志明. 中国人力资本存量估算：1978—2007[J]. 经济学家,2010(9)：27-33.

3.1.2　各项人力资本投资的计算

张帆认为广义的人力资本可分为两类：一类是无形人力资本，一类是有形人力资本。无形人力资本包括教育投资、健康投资、研究和发展投资，有形人力资本是指抚养儿童到工作年龄的消费支出，如表 3-1 所示。在此，张帆将狭义的人力资本定义为在成人基础生产能力上通过教育投资、健康投资和科研投资而形成的人类的生产能力，将广义的人力资本定义为无形人力资本和有形人力资本的总和[1]。

表 3-1　张帆定义的人类资本投资分类

无形人力资本	教育投资
	健康投资
	研究和发展投资
有形人力资本	抚养儿童到工作年龄的消费支出

资料来源：张帆. 中国的物质资本和人力资本估算[J]. 经济研究，2000(8)：65-71.

王德劲对人力资本投资进行了详尽的分类。他认为一般学者在测算人力资本投资时大体可以分为以下几类：教育投资、在职培训支出、健康投资、劳动力迁移支出、研究与发展支出和未成年人养育费。其中每一项又可以分为已估算指标和未估算指标。未估算指标是一些统计数据未被收录或无法得到的数据，包括自主学习费用、培训期间的机会成本、企业健康福利费、国际劳动力迁移支出等内容，如表 3-2 所示。这部分难以计算的人力资本投资项目使得总人力资本投资被低估[2]。

表 3-2　王德劲的人力资本投资流量构成

人力资本投资指标	已估算指标	未估算指标
教育投资	1. 政府公共教育投资； 2. 个人和家庭教育支出； 3. 企业、机构团体教育投资； 4. 其他教育支出	1. 自主学习； 2. 团体学习； 3. 家庭教育的非市场化投入

---

① 张帆. 中国的物质资本和人力资本估算[J]. 经济研究，2000(8)：65-71.
② 王德劲. 我国人力资本测算及其应用研究[D]. 成都：西南财经大学，2007.

人力资本投资指标	已估算指标	未估算指标
在职培训支出		1. 政府劳动就业指导、就业分配支出； 2. 政府国有职业介绍机构、职业培训机构经费； 3. 企业新雇员招聘、培训费用支出、企业培训部门的日常经费； 4. 个人直接培训费用； 5. 个人培训期间的机会成本
健康投资	1. 政府公共事业费； 2. 政府公共卫生基本建设费； 3. 家庭医药、医疗保健支出	1. 企业医疗、卫生支出； 2. 非营利卫生机构经费； 3. 企业健康福利经费
劳动力迁移支出	国内迁移（省内、省际）	1. 国际迁移； 2. 国内流动； 3. 国际流动
研究与发展支出	国家科技三项费用、科学事业费、科研基建费和其他科研事业费	
未成年人养育费		1. 出生费用； 2. 年度生活费用

资料来源：王德劲. 我国人力资本测算及其应用研究[D].成都：西南财经大学,2007.

从表 3-2 可以看出，人力资本投资有很多内容是没有相关数据的，尤其是在职培训支出和劳动力迁移支出等。针对这种现象，本书使用焦斌龙和焦志明提出的几种替代计算的方法。依照舒尔茨对人力资本的定义，我们将分别计算教育人力资本投资、卫生类人力资本投资，培训类人力资本投资、科研类人力资本投资和劳动力迁移类人力资本投资。

本书使用统计数据中的"教育经费总投入"作为教育类人力资本投资额。值得注意的是，在我国教育发展进程中，中共中央在 1985 年通过了《中共中央关于教育体制改革的决定》，逐步开放教育市场，鼓励国企、社会团体和个人办学，打破了我国长达数十年的教育体系长期单独依赖国家财政支出的局面。因此本节教育类人力资本投资的数据，1992—2017 年用《中国统计年鉴 2018》中的"教育经费总投入"，1978—1985 年用《新中国五十五年统计资料汇编》中的"国家财政用于教育的支出"来表示。1986—1991 年的数据由于缺乏社会教育投入，本节将采用插值计算法对该阶段的数据进行估算。

卫生类人力资本投资采用统计年鉴中的"卫生总费用"来表示,包括政府卫生支出、社会卫生支出和个人现金卫生支出。

由于我国缺乏对在职培训支出的直接统计数据,按照《国务院关于大力推进职业教育改革与发展的决定》中"一般企业按照职工工资总额的1.5%足额提取教育培训经费",本节使用1.5%的"城镇单位就业人员工资总额"代替在职培训类人力资本投资。

科研类人力资本投资由于统计口径不同,1978—1994年的科研类数据使用《新中国五十年统计资料汇编》中的"国家财政用于科学研究的支出"来表示,1995—2017年的数据使用《中国统计年鉴2018》中的"研究与试验发展经费支出"表示。

现阶段我国劳动力转移绝大部分是农村劳动力的迁移,而农村劳动力迁移的经济成本包括两部分:一部分是直接成本,另一部分是机会成本。机会成本是劳动力为进行迁移就业而放弃的在原住地从事农业生产可获得的收入。劳动力迁移付出的直接成本由于缺乏有效数据,本节选用高双在郑州、南京和长春三地的关于劳动力转移直接成本的调查结果。高双的调查表明,在郑州、南京和长春三地的转移劳动力付出的直接成本分别是机会成本的1.29倍、1.63倍和0.72倍[①]。本节取平均值,得出迁移劳动力的直接成本是机会成本的1.21倍。我国从改革开放后,劳动力迁移数量以农村剩余劳动力转移为主。其中,2009—2017年的劳动力迁移数量数据选用这些年的农民工监测调查报告。1978—2006年的劳动力迁移数量计算借鉴何建新的方法,得到劳动力迁移公式[②]:

$$TRL = CL - PL = IL + SL - TL \tag{3-3}$$

其中,TRL是劳动力转移数量,CL为农村实际从业劳动力数量,TL为城市实际从业劳动力数量,PL、IL、SL分别为我国第一、二、三产业实际从业劳动力数量。从公式中可以看出劳动力转移数量是农村实际从业劳动力数量和第一产业实际从业劳动力数量之差,并且劳动力转移数量是第二、三产业实际从业劳动力数量和城市实际从业劳动力数量之差。

3.1.3 人力资本投资价格指数的计算

在使用基于物质资本测算方法的永续盘存法计算人力资本存量时,要剔除价

---

① 高双. 我国农村剩余劳动力转移及其成本研究[D].长春:吉林大学,2010.

② 何建新. 我国农村劳动力转移数量测算及未来趋势预测[J].河南师范大学学报(自然科学版),
2013,41(4):19-22.

格变动对人力资本存量估算的影响。对人力资本投资价格指数的选取，不同学者有不同的方法。例如沈利生等和王德劲选用"居民消费价格指数"来剔除人力资本投资价格变动影响[①②]；钱雪亚等将教育经费分为常规性支出和专门性支出，并利用教育事业经费数据、价格统计等数据计算人力资本投资价格指数[③]；侯风云则假定人力资本投资价格指数是100%，以当年价格测算人力资本存量[④]。

孟望生、王询认为只有投资于有效劳动人口身上的人力资本投资才能转化为人力资本存量，所以人力资本转化率为有效劳动人口占总人口的比例[⑤]。焦斌龙、焦志明选择GDP平减指数作为人力资本投资价格指数[⑥]，GDP平减指数的计算基础包括劳动、生产资料、资本和消费等。人力资本投资包括教育投资、培训投资、卫生投资、劳动力迁移和研究发展投资，其中既包含消费品，又包含投资品，所以不能直接利用消费品价格指数或固定资产价格指数作为人力资本投资价格指数。同时，由于很难确定人力资本投资中消费品和投资品的比例，利用二者构建人力资本投资价格指数也非常困难。

相比之下，GDP平减指数的计算基础包括劳动、生产资料、资本和消费等，是衡量生产出来的所有产品和服务的价格。因此，GDP平减指数能更加准确地反映价格变动，是对价格水平最宏观的测量。本节认为，选取GDP平减指数作为人力资本投资价格指数更为合理，并且便于计算。

3.1.4 人力资本折旧率的选取与计算

面对人力资本折旧的问题，不同学者有不同的看法。有的学者忽略了人力资本折旧的问题。也有的学者认为，人力资本的折旧不能照搬物质资本的折旧方法，因为人力资本折旧具有内生性，折旧多少取决于凝聚人力资本的人的勤勉程度，人力资本应该处于增值的状态而不是折旧[⑦]。格雷厄姆和韦伯在研究美国人力资本

---

① 沈利生，朱运法. 人力资本与经济增长分析[M]. 北京：社会科学文献出版社，1999.
② 王德劲. 我国人力资本测算及其应用研究[D].成都：西南财经大学，2007.
③ 钱雪亚，王秋实，刘辉. 中国人力资本水平再估算：1995—2005[J]. 统计研究，2008(12)：3-10.
④ 侯风云. 中国人力资本投资与城乡就业相关性研究[M]. 上海：上海三联书店，2007.
⑤ 孟望生，王询. 中国省级人力资本水平测度——基于成本法下的永续盘存技术[J]. 劳动经济研究，2014(4)：141-160.
⑥ 焦斌龙，焦志明. 中国人力资本存量估算：1978—2007[J]. 经济学家，2010(9)：27-33.
⑦ 沈利生，朱运法. 人力资本与经济增长分析[M]. 北京：社会科学文献出版社，1999.

时,发现人力资本处于升值的状态,他们认为肯特里克的计算低估了人力资本存量是因为他使用了过高的折旧率①。

大部分学者认为人力资本同物质资本一样,会随着时代的进步、知识的更新、人的寿命增长而形成折旧,但他们对折旧率的计算方法各不相同。侯风云等假设人力资本的增长期是1～44岁,45～65岁是人力资本折旧期,在65岁时人力资本存量为零。利用44年的人力资本增长期除以21年人力资本折旧期,得到折旧期间人力资本每年折旧2.095年。每年折旧量除以21年的人力资本折旧期得到人力资本折旧率为9.98%②。

钱雪亚等将人力资本分为一般性知识和技能、专业性知识和技能。利用物质资本折旧方法,资本品寿命期几何递减效率模型确定了一般性人力资本和专业化人力资本折旧率分别为3.66%与7.19%,并通过两类人力资本占比加权平均得到人力资本总体折旧率为5.14%③。

焦斌龙综合了侯风云等和钱雪亚等的关于人力资本折旧的观点,他认为不同形式的人力资本由于形成方式不同、使用时间不同,应该具有不同的折旧率。本节笔者赞同焦斌龙的观点,借鉴他的方法分别计算不同类型人力资本的折旧率。本节笔者假设前提为我国劳动人口在60岁时退出劳动力市场,同时人力资本可以完全折旧到零,利用会计学中的直线折旧法,人力资本折旧率=1/(60-人力资本投入使用的平均时间)。按照以上思路,下面分别计算教育类、卫生类、培训类、科研类和迁移类五种人力资本折旧率。

首先是教育类人力资本折旧率。要计算教育类人力资本折旧率,先要计算我国人均受教育年限。从1978年改革开放以来,随着经济和社会的进步,我国居民受教育程度越来越高。我国劳动力平均受教育年限从1978年的3.872年/人④增长到2017年的9.02年/人⑤。1978—2017年的我国居民平均受教育年限取平均值约为7年。我国劳动力一般从8岁开始接受教育,在接受教育后进入劳动力市场,教育类人力资本开始直线折旧,在60岁时退出劳动力市场,这样计算出教育类人

① GRAHAM J W, WEBB R H. Stocks and depreciation of human capital: new evidence from a present-value perspective [J].Review of income and wealth, 1979 (25): 209-224.

② 侯风云,范玉波,孙国梁. 中国人力资本存量估计[J]. 南大商学评论,2005(3): 27-54.

③ 钱雪亚,王秋实,刘辉. 中国人力资本水平再估算:1995—2005[J]. 统计研究,2008(12): 3-10.

④ 王小鲁,樊纲,刘鹏. 中国经济增长方式转换和增长可持续性[J]. 经济研究,2009(1): 4-16.

⑤ 蔡禾. 中国劳动力动态调查:2017年报告[M]. 北京:社会科学文献出版社,2017.

力资本折旧年限为 45 年,折旧率为 2.22%。和教育类人力资本不同,卫生类人力资本和培训类人力资本是贯穿劳动力整个职业生涯的投资,并没有明确的投资完成时间。

人的身体素质从 30 岁开始下降,到 60 岁时退出劳动力市场,卫生类人力资本的折旧年限是 30 年。培训类人力资本具有和卫生类人力资本相似的性质,所以,卫生类人力资本和培训类人力资本的折旧率同为 3.33%。科研类人力资本与以上三种人力资本不同,具有不同的投资形式和使用寿命。科研类人力资本的使用寿命主要和专利使用时间相关,由于我国的科研经费主要投入于发明专利,发明专利的使用年限是 20 年,那么可以认为科研类人力资本的使用寿命为 20 年,折旧率为5%。最后,迁移类人力资本主要由机会成本和维持生存的直接成本组成,所以这里假设它在当年折旧完毕,并不具备积累性。

3.2　我国人力资本存量的变化分析

本节笔者将分析 1978—2017 年我国人力资本存量、人均资本存量的动态变化和教育、卫生、科研、培训和劳动迁移五类人力资本存量的动态变化。

3.2.1　我国人力资本存量及其变化

表 3-3 是根据式(3-1)计算得出的 1978—2017 年我国总人力资本存量及人均人力资本存量。从表 3-3 可知,1978—2017 年我国总人力资本存量呈现持续增长态势。1978 年我国人力资本存量只有 2 439.52 亿元(人民币,下同),按 1978 年不变价计算,到 2017 年末人力资本存量已达到 130 910.42 亿元,是 1978 年的 53.66倍。同时,1978—2017 年,我国人均人力资本存量也显著增加。1978 年我国人均人力资本存量只有 253.43 元,按 1978 年不变价,到 2017 年末人均人力资本存量已达到 9 417.47 元,增长 37.16 倍。但由于 1978—2017 年我国总人口也处于增长状态,因此我国人均人力资本存量增长慢于总人力资本存量增长。

表 3-3 1978—2017 年我国总人力资本存量及人均人力资本存量

年份	我国总人力资本存量/亿元	人均人力资本存量/元	年份	我国总人力资本存量/亿元	人均人力资本存量/元
1978	2 439.52	253.43	1998	12 824.72	1 027.94
1979	2 578.56	264.35	1999	14 952.55	1 188.73
1980	2 744.99	278.10	2000	16 903.93	1 333.72
1981	2 950.24	294.81	2001	19 097.12	1 496.32
1982	3 252.97	320.00	2002	21 894.93	1 704.51
1983	3 586.35	348.16	2003	24 675.75	1 909.49
1984	3 906.76	374.36	2004	26 981.46	2 075.69
1985	4 024.20	380.18	2005	30 290.72	2 316.58
1986	4 382.31	407.63	2006	33 934.81	2 581.61
1987	4 785.38	437.82	2007	36 918.65	2 794.14
1988	4 978.58	448.42	2008	40 369.21	3 039.80
1989	5 287.79	469.18	2009	49 629.61	3 718.97
1990	5 900.53	516.08	2010	54 901.30	4 094.33
1991	6 360.42	549.15	2011	60 496.77	4 490.06
1992	6 897.57	588.68	2012	70 002.01	5 169.86
1993	7 184.38	606.19	2013	80 540.53	5 918.96
1994	7 405.88	617.93	2014	92 290.06	6 747.24
1995	8 133.24	671.50	2015	105 766.66	7 694.25
1996	9 386.26	766.92	2016	118 811.62	8 592.66
1997	10 928.91	884.03	2017	130 910.42	9 417.47

注：按 1978 年不变价计算。

资料来源：根据式(3-1)和历年中国统计年鉴计算整理而得。

图 3-1 是我国总人力资本存量变化的折线图。从该图可以看出，我国总人力资本存量的变化可以分为两个阶段。第一阶段是在 1978—1995 年的缓慢增长期，总人力资本存量从 1978 年的 2 439.52 亿元增长到 1995 年的 8 133.24 亿元，年均增长率只有 7.34%，年均人力资本存量增加 334.92 亿元。第二阶段是

1996—2008 年的稳步增长期,总人力资本存量从 1996 年的 9 386.26 亿元增长到 2008 年的 40 369.21 亿元,年均增长率 12.93%,年均人力资本存量增加 2 581.91 亿元。第三阶段是 2009—2017 年的快速增长期,总人力资本存量从 2009 年的 49 629.61 亿元增长到 2017 年的 130 910.42 亿元,年均增长率 12.89%,增速稍慢于上一阶段,但由于基础存量大,年均人力资本存量增加 10 060.10 亿元。

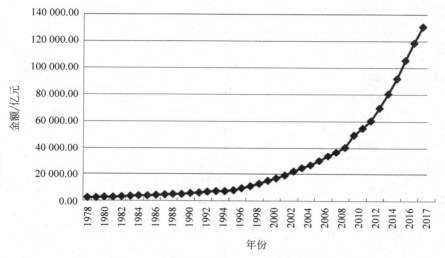

图 3-1 我国 1978—2017 年总人力资本存量的动态变化

资料来源:根据表 3-3 数据绘制。

图 3-2 是我国人均人力资本存量变化的折线图,结合表 3-3 可以看出,我国人均人力资本存量的变化趋势和总人力资本存量变化趋势基本相同,可以分为三个阶段。第一阶段是在 1978—1995 年的缓慢增长期,人均人力资本存量从 1978 年的 253.43 元增长到 1995 年的 671.50 元,年均增长率只有 5.90%。第二阶段是 1996—2008 年的稳步增长期,人均人力资本存量从 1996 年的 766.92 元增长到 2008 年的 3 039.80 元,年均增长率 12.16%。第三阶段是 2009—2017 年的快速增长期,人均人力资本存量从 2009 年的 3 718.97 元增长到 2017 年的 9 417.47 元,年均增长率 12.32%。

1978—2017 年我国人力资本存量和人均人力资本存量增长率及其变化如表 3-4 与图 3-3 所示。

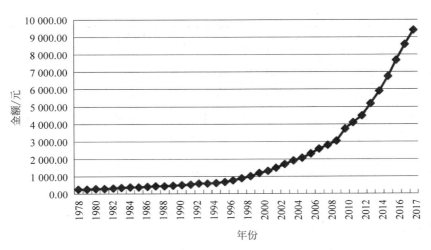

图 3-2　1978—2017 年我国人均人力资本存量的动态变化

资料来源：根据表 3-3 数据绘制。

表 3-4　1978—2017 年我国人力资本存量和人均人力资本存量增长率及其变化

%

年份	我国人力资本存量增长率	人均人力资本存量增长率	年份	我国人力资本存量增长率	人均人力资本存量增长率
1978	—	—	1998	17.35	16.28
1979	5.70	4.31	1999	16.59	15.64
1980	6.45	5.20	2000	13.05	12.20
1981	7.48	6.01	2001	12.97	12.19
1982	10.26	8.55	2002	14.65	13.91
1983	10.25	8.80	2003	12.70	12.03
1984	8.93	7.53	2004	9.34	8.70
1985	3.01	1.55	2005	12.26	11.61
1986	8.90	7.22	2006	12.03	11.44
1987	9.20	7.41	2007	8.79	8.23
1988	4.04	2.42	2008	9.35	8.79
1989	6.21	4.63	2009	22.94	22.34
1990	11.59	10.00	2010	10.62	10.09

年份	我国人力资本存量增长率	人均人力资本存量增长率	年份	我国人力资本存量增长率	人均人力资本存量增长率
1991	7.79	6.41	2011	10.19	9.67
1992	8.45	7.20	2012	15.71	15.14
1993	4.16	2.98	2013	15.05	14.49
1994	3.08	1.94	2014	14.59	13.99
1995	9.82	8.67	2015	14.60	14.04
1996	15.41	14.21	2016	12.33	11.68
1997	16.44	15.27	2017	10.18	9.60

资料来源:根据表 3-3 计算整理得出。

图 3-3　1979—2017 我国人力资本存量和人均人力资本存量增长率的变化

资料来源:根据表 3-4 绘制。

　　结合图 3-3 的折线走势和表 3-4 可以看出,我国总人力资本存量增长率和人均人力资本存量增长率折线走势基本拟合,人均人力资本存量增长率总体略低于总人力资本存量增长率,主要是由于我国人口基数较大,人口增速虽低,但每年新增人口数量却很大,减缓了人均人力资本存量的增速。两种增长率的变化可分为三个阶段。

第一阶段是 1979—1995 年,两种增长率均呈波动上升态势,该阶段大多数年份两类人力资本存量增长率保持在个位数。其中,1985 年的总人力资本存量和人均人力资本存量增长最慢,增长率只有 3.01% 和 1.55%。1990 年总人力资本存量和人均人力资本存量增长最快,增长率高达 11.59% 和 10.00%,增长率最高值与最低值之差分别高达 8.58% 和 8.45%,表明该阶段我国人力资本投资波动较大。

第二阶段是 1995—1998 年,这三年间我国两类人力资本存量增长率呈快速上升走势,总人力资本存量增长率从 9.82% 上升到 17.35%,增加 7.53%,人均人力资本存量增长率也从 8.67% 上升到 16.28%,增长 7.61%,表明这三年间我国人力资本投资大幅增长。

第三阶段是 1998—2017 年,该阶段我国两类人力资本存量增长率均呈区间内振荡波动趋势,期间,总人力资本存量增长率及人均人力资本存量增长率在 2009 年达到最高,分别为 22.94% 和 22.34%。总人力资本存量增长率及人均人力资本存量增长率在 2007 年最低,分别为 8.79% 和 8.23%。

3.2.2 我国人力资本投资产出比及变化

人力资本和物质资本、劳动一样是影响经济增长的重要生产要素。根据张军的研究,实际资本—产出比率可以用来分析中国经济增长变动的长期因素[①]。本书也使用实际人力资本存量—产出比率来分析人力资本对经济增长影响的变化规律。1978—2017 年我国人力资本存量产出比的动态变化如表 3-5 和图 3-4 所示。

表 3-5 1978—2017 年我国人力资本存量产出比的动态变化

年 份	我国实际人力资本 存量投资产出比	年 份	我国实际人力资本 存量投资产出比
1978	0.66	1998	0.54
1979	0.65	1999	0.58
1980	0.64	2000	0.60
1981	0.66	2001	0.63

---

① 张军. 改革以来中国的资本形成与经济增长:一些发现及其解释[J]. 世界经济文汇,2002(1):17,18-31.

续表

年　份	我国实际人力资本存量投资产出比	年　份	我国实际人力资本存量投资产出比
1982	0.67	2002	0.66
1983	0.66	2003	0.68
1984	0.63	2004	0.67
1985	0.57	2005	0.68
1986	0.57	2006	0.67
1987	0.56	2007	0.64
1988	0.52	2008	0.64
1989	0.53	2009	0.72
1990	0.57	2010	0.72
1991	0.56	2011	0.72
1992	0.53	2012	0.78
1993	0.49	2013	0.83
1994	0.44	2014	0.89
1995	0.44	2015	0.95
1996	0.46	2016	1.00
1997	0.49	2017	1.03

注：按照 1978 年不变价计算。

资料来源：根据表 3-4 和历年《中国统计年鉴》计算整理而得。

根据表 3-5 及图 3-4 可以看出,1978—2017 年我国人力资本存量投资产出比大体呈 U 形分布,可分为两个阶段。

第一阶段是 1978—1995 年,我国人力资本存量产出比呈波动下降趋势,从 1978 年的 0.66 下降到 1994 年的 0.44,主要原因是改革开放后,我国经济增长速度不断增加,但对人力资本投资并没有相应增加,造成人力资本存量增长速度慢于经济增长速度,人力资本存量产出比下降。

第二阶段是 1995—2017 年,我国人力资本存量产出比呈波动上升趋势,从 1995 年的 0.44 增加到 2017 年的 1.03。人力资本存量产出比的不断上升主要得益于我国在改革开放后,经济规模翻了几番,经济增长速度放缓,并且我国政府加大

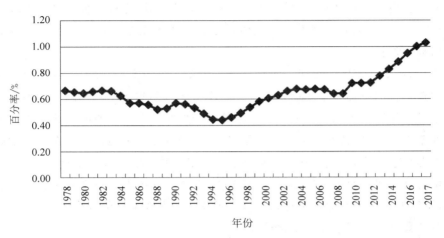

图 3-4 1978—2017 年我国人力资本存量产出比的动态变化

资料来源：根据表 3-5 绘制。

了对人力资本投资的支持力度,特别是教育文化和医疗卫生方面,使我国人力资本存量增速快于经济增长速度,人力资本存量产出比上升。

3.2.3 不同估算结果的比较分析

表 3-6 和图 3-5 是笔者和侯风云等[1]、钱雪亚等[2]和焦斌龙与焦志明[3]等学者估算的人力资本存量比较。从数量和变动趋势看,本节的人力资本存量估算结果最接近焦斌龙与焦志明估算的人力资本存量,与侯风云等和钱雪亚等的估算结果有一定差距。主要是因为以下几点。

第一,价格标准不同。侯风云等和钱雪亚等分别以当年价格与 1995 年不变价格计算人力资本存量,本节笔者和焦斌龙与焦志明是以 1978 年不变价格计算人力存量。

第二,计算的人力资本投资涵盖范围不同。侯风云等计算的人力资本投资包括教育文化、医疗保健、科学研究和为接受教育而放弃的机会成本。钱雪亚等认为

① 侯风云,范玉波,孙国梁. 中国人力资本存量估计[J]. 南大商学评论,2005(3)：27-54.

② 钱雪亚,王秋实,刘辉. 中国人力资本水平再估算：1995—2005[J]. 统计研究,2008(12)：3-10.

③ 焦斌龙,焦志明. 中国人力资本存量估算：1978—2007[J]. 经济学家,2010(9)：27-33.

人力资本投资应以积累于报告期新增的有效人力资本载体上的人力资本投资为准,这样他们计算的人力资本投资只包括了教育人力资本投资和投资于劳动力身上的医疗保健投资。

第三,折旧率不同。侯风云等计算的人力资本折旧率为 9.98%,钱雪亚等计算的人力资本折旧率加权平均后是 5.14%。本节笔者与焦斌龙和焦志明对不同的人力资本投资计算了不同的折旧率。本节笔者和焦斌龙和焦志明的估算结果的差距主要在于 1978 年的初始人力资本存量,出现差距的原因可能是笔者在计算初始人力资本存量过程中,对我国居民总收入使用 GDP 平减指数进行了价格处理,消除了价格变动对居民收入的影响,所以本节 1978 年的初始人力资本存量较高。总体而言,本节的人力资本存量估算结果跨度近 40 年,在存量数值和动态变化趋势上,基本符合我国人力资本存量变化情况。

表 3-6   1978—2017 年不同学者和本书笔者人力资本存量估算结果的比较

亿元

年份	侯风云等 (当年价格)	钱雪亚等 (1995 年价格)	焦斌龙和焦志明 (1978 年价格)	笔者 (1978 年价格)
1978	2 090.45	—	1 335.36	2 439.52
1979	2 301.56	—	1 577.21	2 578.56
1980	2 543.59	—	1 840.74	2 744.99
1981	2 766.90	—	2 108.15	2 950.24
1982	3 063.57	—	2 410.58	3 252.97
1983	3 339.02	—	2 753.43	3 586.35
1984	3 691.34	—	3 188.53	3 906.76
1985	4 167.85	—	3 680.36	4 024.20
1986	4 673.94	—	4 198.49	4 382.31
1987	5 222.80	—	4 746.39	4 785.38
1988	6 037.07	—	5 346.12	4 978.58
1989	6 963.98	—	5 962.61	5 287.79
1990	7 739.60	—	6 665.14	5 900.53
1991	8 557.92	—	7 417.12	6 360.42
1992	9 592.73	—	8 286.03	6 897.57

续表

年份	侯风云等 （当年价格）	钱雪亚等 （1995 年价格）	焦斌龙和焦志明 （1978 年价格）	笔者 （1978 年价格）
1993	11 291.19	—	9 236.77	7 184.38
1994	13 708.27	—	12 577.31	7 405.88
1995	16 335.12	11 300	11 369.94	8 133.24
1996	19 078.75	12 100	12 699.62	9 386.26
1997	21 545.11	15 900	13 871.83	10 928.91
1998	24 600.65	16 900	15 710.33	12 824.72
1999	27 975.46	18 900	17 586.84	14 952.55
2000	32 052.79	28 600	19 632.40	16 903.93
2001	36 899.13	30 800	21 975.20	19 097.12
2002	—	33 500	24 712.34	21 894.93
2003	—	39 600	27 737.10	24 675.75
2004	—	42 900	31 011.65	26 981.46
2005	—	35 700	34 662.25	30 290.72
2006	—	—	38 740.67	33 934.81
2007	—	—	43 190.23	36 918.65
2008	—	—	—	40 369.21
2009	—	—	—	49 629.61
2010	—	—	—	54 901.30
2011	—	—	—	60 496.77
2012	—	—	—	70 002.01
2013	—	—	—	80 540.53
2014	—	—	—	92 290.06
2015	—	—	—	105 766.66
2016				118 811.62
2017				130 910.42

资料来源：侯风云,范玉波,孙国梁. 中国人力资本存量估计[J].南大商学评论,2005,3：27-54.钱雪亚,王秋实,刘辉. 中国人力资本水平再估算：1995—2005[J].统计研究,2008,12：3-10.焦斌龙,焦志明. 中国人力资本存量估算：1978—2007[J].经济学家,2010,9：27-33.

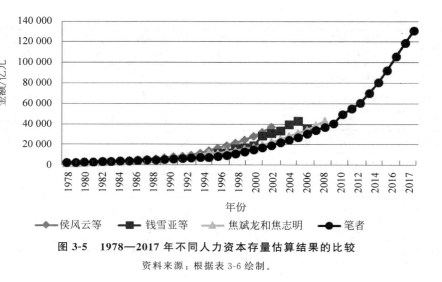

图 3-5　1978—2017 年不同人力资本存量估算结果的比较

资料来源：根据表 3-6 绘制。

3.3　我国不同类别人力资本存量的分析

　　表 3-7 是 1978—2017 年我国各类人力资本存量及总人力资本存量。根据表 3-7，从总体趋势看，1978—2017 年，我国各类人力资本存量皆处于增长状态，说明我国劳动力数量和质量的双重提高是我国经济发展的一大动力。从各类人力资本存量占比来看，首先教育和卫生是我国人力资本投资积累最重要的两种渠道，1978—2017 年，两类人力资本存量总和占总人力资本存量最低达到 72.10%，最高达到 83.17%，占总人力资本存量的 3/4 左右，这也说明了为什么有部分学者在测算我国人力资本存量时只计算教育类或卫生类人力资本投资。其次是科研类和迁移类人力资本，相对而言，培训类人力资本占总人力资本存量比重最小。由此可知，科研和劳动力的迁移已经成为我国人力资本存量增长的重要途径，但企业职工在职培训获得的人力资本积累较少，为提高企业效率，企业应加大人力资本投资力度，加强对职工的在职培训，充分发挥人力资本在企业成长中的作用。

表 3-7　1978—2017 年我国各类人力资本存量及总人力资本存量

（以 1978 年不变价格计算）　　　　　　亿元

年份	教育类人力资本	卫生类人力资本	培训类人力资本	科研类人力资本	迁移类人力资本	总人力资本存量
1978	948.68	910.03	69.96	442.36	68.50	2 439.52
1979	985.37	971.03	74.64	465.80	81.72	2 578.56
1980	1 033.72	1 037.75	80.31	486.48	106.73	2 744.99
1981	1 099.19	1 126.25	87.07	507.77	129.96	2 950.24
1982	1 200.29	1 250.95	96.27	542.09	163.37	3 252.97
1983	1 300.17	1 382.86	104.67	580.59	218.07	3 586.35
1984	1 365.27	1 480.75	110.94	606.52	343.27	3 906.76
1985	1 386.37	1 516.02	113.46	602.68	405.67	4 024.20
1986	1 524.85	1 634.76	123.28	630.60	468.82	4 382.31
1987	1 697.82	1 772.82	133.40	650.75	530.59	4 785.38
1988	1 782.75	1 836.82	136.97	627.94	594.10	4 978.58
1989	1 931.64	1 992.26	144.71	623.47	595.71	5 287.79
1990	2 142.03	2 232.30	156.64	636.66	732.89	5 900.53
1991	2 340.02	2 482.97	167.62	649.70	720.10	6 360.42
1992	2 527.44	2 740.55	177.89	660.54	791.14	6 897.57
1993	2 583.19	2 869.00	179.74	637.93	914.51	7 184.38
1994	2 604.48	2 903.15	178.29	594.42	1 125.53	7 405.88
1995	2 806.44	3 118.56	188.04	601.89	1 418.30	8 133.24
1996	3 216.93	3 597.51	208.74	651.37	1 711.71	9 386.26
1997	3 800.40	4 312.50	238.69	750.73	1 826.60	10 928.91
1998	4 578.22	5 240.20	273.03	874.49	1 858.78	12 824.72
1999	5 487.30	6 282.79	310.69	1 034.67	1 837.10	14 952.55
2000	6 330.52	7 229.99	340.10	1 212.95	1 790.36	16 903.93
2001	7 333.47	8 222.83	372.23	1 414.13	1 754.46	19 097.12
2002	8 616.19	9 474.06	413.24	1 685.13	1 706.31	21 894.93

年份	教育类 人力资本	卫生类 人力资本	培训类 人力资本	科研类 人力资本	迁移类 人力资本	总人力资本 存量
2003	9 854.61	10 669.15	450.21	1 967.84	1 733.93	24 675.75
2004	10 802.09	11 522.10	472.33	2 234.63	1 950.32	26 981.46
2005	12 171.24	12 783.16	513.16	2 626.83	2 196.32	30 290.72
2006	13 701.24	14 146.85	560.75	3 089.59	2 436.38	33 934.81
2007	15 010.25	15 146.70	596.83	3 511.54	2 653.33	36 918.65
2008	16 471.16	16 445.80	639.46	4 004.08	2 808.72	40 369.21
2009	19 385.80	19 383.38	738.33	4 954.69	5 167.40	49 629.61
2010	21 336.52	21 210.41	798.32	5 705.45	5 850.61	54 901.30
2011	23 365.36	23 115.03	867.10	6 494.71	6 654.57	60 496.77
2012	27 090.70	26 511.64	996.00	7 742.92	7 660.76	70 002.01
2013	30 865.35	30 236.32	1 169.56	9 127.91	9 141.38	80 540.53
2014	35 239.18	34 701.68	1 370.81	10 705.77	10 272.62	92 290.06
2015	40 263.78	40 136.97	1 595.46	12 451.07	11 319.38	105 766.66
2016	45 149.25	45 344.50	1 813.12	14 203.06	12 301.70	118 811.62
2017	48 944.19	51 259.74	1 982.89	15 665.01	13 058.59	130 910.42

资料来源：根据式(3-1)和历年中国统计年鉴计算整理而得。

图 3-6 和图 3-7 分别是我国 1978 年和 2017 年的各类人力资本存量占比。从中可知，经过多年的改革开放，我国人力资本的积累途径发生了变化。1978 年，教育类人力资本存量占比为 38.89%，卫生类人力资本存量占比为 37.30%，培训类人力资本存量占比为 2.87%，科研类人力资本存量占比为 18.13%，迁移类人力资本存量占比为 2.81%。2017 年，教育类人力资本存量占比为 37.39%，卫生类人力资本存量占比为 39.15%，培训类人力资本存量占比为 1.51%，科研类人力资本存量占比为 11.97%，迁移类人力资本存量占比为 9.98%。教育类和卫生类人力资本占比变化较小，培训类和科研类人力资本占比下降，迁移类人力资本占比上升。

图 3-8 是我国 1978—2017 年各类人力资本存量占比变动，图 3-9 是我国 1978—2017 年平均各类人力资本存量占比。从中可以看出我国 1978—2017 年平

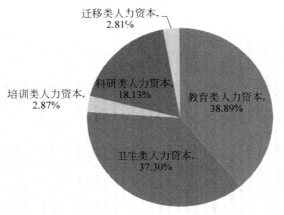

图 3-6 我国 1978 年各类人力资本存量占比

资料来源：根据表 3-7 绘制。

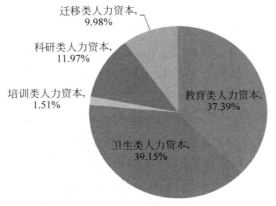

图 3-7 我国 2017 年各类人力资本存量占比

资料来源：根据表 3-7 绘制。

均人力资本存量占比从高到低依次是：卫生类人力资本存量、教育类人力资本存量、科研类人力资本存量、迁移类人力资本存量和培训类人力资本存量。卫生类人力资本存量和教育类人力资本存量两类相加占比为 77.48%，可见，教育投资和医疗保健投资是我国人力资本积累的最主要途径。

从变动趋势看，教育类人力资本存量占比平稳微降，卫生类人力资本存量稳中有升，培训类人力资本存量占比极小，并且持续下降，科研类人力资本占比在改革

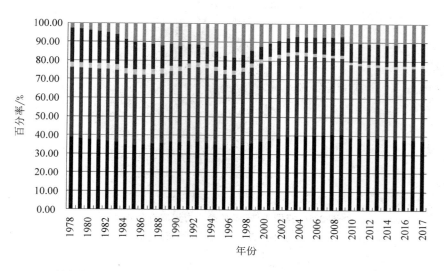

图 3-8 我国 1978—2017 年各类人力资本存量占比变动

资料来源：根据表 3-7 绘制。

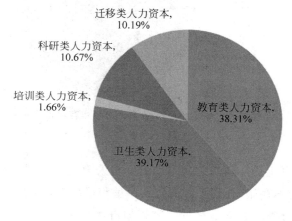

图 3-9 我国 1978—2017 年平均各类人力资本存量占比

资料来源：根据表 3-7 绘制。

开放初期较高,之后持续下降,近年来随着企业科研投入占比持续增加,迁移类人力资本存量占比则呈现先上升后下降的趋势,主要是因为我国其他类人力资本存量投资不断积累,而迁移类人力资本在当年折旧完毕,并且随着我国经济发展,劳动力转移增加趋势有所减缓。

图 3-10 是我国 1978—2017 年平均各类人力资本存量增长率,从中可以看出,我国各类人力资本存量高速增长,其中增长率从高到低依次是:迁移类人力资本增长率第一(15.36%),卫生类人力资本增长率第二(10.99%),教育类人力资本增长率第三(10.75%),科研类人力资本增长率第四(9.86%),培训类人力资本增长率第五(9.04%)。

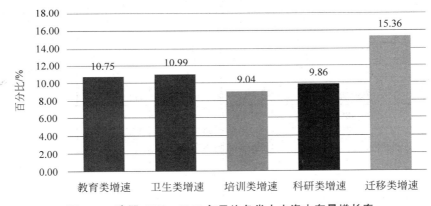

图 3-10 我国 1978—2017 年平均各类人力资本存量增长率

资料来源:根据表 3-7 绘制。

3.3.1 我国教育类人力资本存量分析

从表 3-8 可知,在 1978—2017 年,教育类人力资本存量占我国总人力资本存量的比重一直在 1/3 以上。教育类人力资本存量占比在 2008 年达到最高 40.80%,在占比最低的 1985 年也达到 34.45%。说明教育是我国人力资本积累的重要途径之一。同时,教育类人力资本存量的增长也非常迅速,从 1978 年的 948.68 亿元增长到 2017 年的 48 944.19 亿元,增长 50.59 倍,年均增长率 10.64%。从图 3-11 可知,虽然教育类人力资本存量增速很快,基本保持正增长趋势,但每年增长率并不平均。我国教育类人力资本存量增长率发展可分为两个阶段。

表 3-8   1978—2017 年教育类人力资本存量占比及增速   ％

年　份	占　比	增长率	年　份	占　比	增长率
1978	38.89	—	1998	35.70	20.47
1979	38.21	3.87	1999	36.70	19.86
1980	37.66	4.91	2000	37.45	15.37
1981	37.26	6.33	2001	38.40	15.84
1982	36.90	9.20	2002	39.35	17.49
1983	36.25	8.32	2003	39.94	14.37
1984	34.95	5.01	2004	40.04	9.61
1985	34.45	1.55	2005	40.18	12.67
1986	34.80	9.99	2006	40.38	12.57
1987	35.48	11.34	2007	40.66	9.55
1988	35.81	5.00	2008	40.80	9.73
1989	36.53	8.35	2009	39.06	17.70
1990	36.30	10.89	2010	38.86	10.06
1991	36.79	9.24	2011	38.62	9.51
1992	36.64	8.01	2012	38.70	15.94
1993	35.96	2.21	2013	38.32	13.93
1994	35.17	0.82	2014	38.18	14.17
1995	34.51	7.75	2015	38.07	14.26
1996	34.27	14.63	2016	38.00	12.13
1997	34.77	18.14	2017	37.39	8.41

资料来源：根据式(3-1)和历年《中国统计年鉴》计算整理而得。

第一阶段是 1979—1999 年,该阶段我国教育类人力资本存量增长率呈直线上升,直线下降的剧烈振荡态势。从 1994 年的增长率最低值 0.82％到 1998 年的增长率最高值 20.47％,差值高达 19.65％。说明该阶段我国教育类人力资本投资非常不稳定,而不稳定的教育投资会影响到国民正规教育的连续性,并对人力资本形成和积累产生不良作用。

第二阶段是 2000—2017 年,该阶段我国教育类人力资本存量增长率呈小幅波

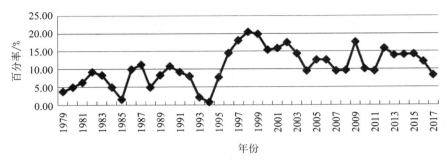

图 3-11　教育类人力资本存量增长率动态变化

资料来源：根据表 3-8 绘制。

动下降的趋势，数值变动比较平缓，2009 年的最高值 17.70％到 2017 年的最低值 8.41％之差为 9.29％，振幅约是第一阶段的一半。

3.3.2　我国卫生类人力资本存量分析

从表 3-9 和图 3-12 可知，与教育类人力资本存量类似，卫生也是我国人力资本投资的重要途径之一，卫生类人力资本存量占我国总人力资本存量的比重在 36.89％～43.27％之间波动。卫生类人力资本存量的增长非常迅速，从 1978 年的 910.03 亿元，增长到 2017 年的 51 259.74 亿元，增长 55.33 倍，年均增长率 10.89％。

表 3-9　1978—2017 年卫生类人力资本存量占比及增速　　　　　　　　　％

年　份	占　比	增 长 率	年　　份	占　　比	增 长 率
1978	37.30	—	1998	40.86	21.51
1979	37.66	6.70	1999	42.02	19.90
1980	37.81	6.87	2000	42.77	15.08
1981	38.17	8.53	2001	43.06	13.73
1982	38.46	11.07	2002	43.27	15.22
1983	38.56	10.54	2003	43.24	12.61
1984	37.90	7.08	2004	42.70	7.99
1985	37.67	2.38	2005	42.20	10.94

续表

年　　份	占　　比	增　长　率	年　　份	占　　比	增　长　率
1986	37.30	7.83	2006	41.69	10.67
1987	37.05	8.45	2007	41.03	7.07
1988	36.89	3.61	2008	40.74	8.58
1989	37.68	8.46	2009	39.06	17.86
1990	37.83	12.05	2010	38.63	9.43
1991	39.04	11.23	2011	38.21	8.98
1992	39.73	10.37	2012	37.87	14.69
1993	39.93	4.69	2013	37.54	14.05
1994	39.20	1.19	2014	37.60	14.77
1995	38.34	7.42	2015	37.95	15.66
1996	38.33	15.36	2016	38.17	12.97
1997	39.46	19.87	2017	39.15	13.05

注：以1978年不变价格计算。

资料来源：根据式（3-1）和历年《中国统计年鉴》计算整理而得。

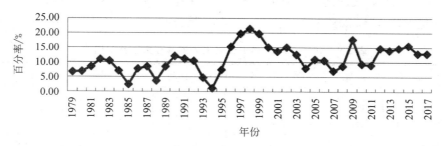

图 3-12　卫生类人力资本存量增长率动态变化

资料来源：根据表 3-9 绘制。

　　从图 3-12 可知，卫生类人力资本存量增长率的波动与教育类人力资本存量增长率波动类似，也可以分为两个阶段，但不同的是卫生类人力资本增长的波动比教育类人力资本增长波动更剧烈，卫生类人力资本存量增长率的最低值在 1994 年只有 1.19％，最高值在 1998 年达到 21.51％，差值达到 20.32％。说明在该阶段卫生类人力资本存量增长比教育类人力资本存量增长更加不稳定,同样,不稳定的卫生类人力资本投资不利于我国国民健康,从而影响我国人力资本有效积累。

3.3.3 我国培训类人力资本存量分析

从表3-10可知,在1978—2017年,培训类人力资本是我国人力资本投资积累最少的一种渠道,并且它所占总人力资本存量的比重在不断下滑,从1978年的2.87％下降到2017年的1.51％。由于我们的计算方法是按照《国务院关于大力推进职业教育改革与发展的决定》(以下简称《决定》)中的"各类企业要按《中华人民共和国职业教育法》的规定实施职业教育和职工培训,承担相应的费用。一般企业按照职工工资总额的1.5％足额提取教育培训经费"规定,培训类人力资本投资流量＝职工收入×1.5％,但由于该《决定》是在2002年颁布的,之前的职工在职培训费用并没有明确的法律规定,所以真实的培训类人力资本存量可能比本节估算的更低。

表 3-10　1978—2017 年培训类人力资本存量占比及增速　　　　　　　　％

年　份	占　比	增　长　率	年　份	占　比	增　长　率
1978	2.87	—	1998	2.13	14.39
1979	2.89	6.70	1999	2.08	13.79
1980	2.93	7.59	2000	2.01	9.47
1981	2.95	8.42	2001	1.95	9.45
1982	2.96	10.56	2002	1.89	11.02
1983	2.92	8.73	2003	1.82	8.95
1984	2.84	6.00	2004	1.75	4.91
1985	2.82	2.27	2005	1.69	8.65
1986	2.81	8.65	2006	1.65	9.27
1987	2.79	8.21	2007	1.62	6.43
1988	2.75	2.67	2008	1.58	7.14
1989	2.74	5.65	2009	1.49	15.46
1990	2.65	8.24	2010	1.45	8.12

年　　份	占　　比	增　长　率	年　　份	占　　比	增　长　率
1991	2.64	7.01	2011	1.43	8.62
1992	2.58	6.13	2012	1.42	14.87
1993	2.50	1.04	2013	1.45	17.43
1994	2.41	−0.81	2014	1.49	17.21
1995	2.31	5.47	2015	1.51	16.39
1996	2.22	11.01	2016	1.53	13.64
1997	2.18	14.34	2017	1.51	9.36

注：以 1978 年不变价格计算。

资料来源：根据 1978—2018 年历年《中国统计年鉴》计算整理而得。

　　在数量增长方面，培训类人力资本的增速较缓慢，从 1978 年的 69.96 亿元增长到 2017 年的 1 982.89 亿元，整体增长 27.34 倍，但 39 年间的年均增长率只有 8.95%。从表 3-10 可以看出，培训类人力资本占总人力资本的比例极低并且占比在持续下降。培训类人力资本占总人力资本存量比最高只有 2.96%（1982 年），最低占比 1.42%（2012 年）。在增长率变动趋势上，培训类人力资本增长率的变化可分为两个阶段。

　　第一阶段是 1979—1999 年，增长率呈先波动下降后剧烈上升的趋势，首先从 1979 年的 6.70% 上升到 1982 年的 10.56%，然后波动下降至 1994 年的增长率最低值−0.81%，最后又剧烈上升到 1998 年的 14.39%，培训类人力资本增长率最高值和最低值之差为 15.20%，虽然波动要比教育类和卫生类人力资本存量平缓，却出现了负增长。值得注意的是，在第一阶段中部分年份培训类人力资本存量的增长率在 5% 以下甚至是负值。原因除人力资本的自然折旧外，最主要的可能是这些年我国城镇职工的实际收入减少，相对应的培训类人力资本存量也在减少。

　　第二阶段是 1999—2017 年，这一阶段我国培训类人力资本存量增长率全部为正值，增长率从 1999 年的 13.79% 波动下降到 2017 年的 9.36%。这一阶段培训类人力资本存量增长率虽有波动，但振幅较小。从图 3-13 可以看出，在第二阶段中得益于我国近年的居民收入增长，培训类人力资本近年来保持在两位数以上的增长率，增长很快。但在现实中真正按照"一般企业按照职工工资总额的 1.5% 足额提取教育培训经费"的企业还是未知，估算和实际情况有一定误差。

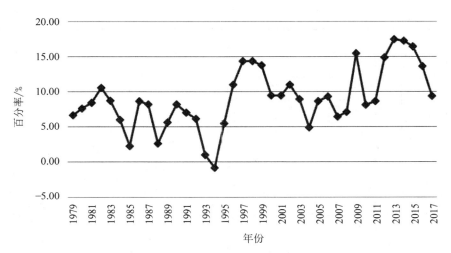

图 3-13　培训类人力资本存量增长率动态变化

资料来源：根据表 3-10 绘制。

3.3.4　我国科研类人力资本存量分析

从表 3-11 可知,科研类人力资本是我国总人力资本的一个重要组成部分,在
1978—2017 年,科研类人力资本存量占总人力资本比重最低为 1998 年的 6.82％,
在 1978 年所占比例最高达到 18.13％,平均总体占比 10.67％。同时,科研类人力
资本存量增长也很迅速,从 1978 年的 442.36 亿元增长到 2017 年的 15 665.01 亿
元,增长 34.41 倍,年均增长率 9.58％,年均增速比教育类和卫生类人力资本稍低。

表 3-11　1978—2017 年科研类人力资本存量占比及增速　　　　　　　　　　％

年　　份	占　　比	增　长　率	年　　份	占　　比	增　长　率
1978	18.13	—	1998	6.82	16.49
1979	18.06	5.30	1999	6.92	18.32
1980	17.72	4.44	2000	7.18	17.23
1981	17.21	4.38	2001	7.40	16.59
1982	16.66	6.76	2002	7.70	19.16

年　份	占　比	增　长　率	年　份	占　比	增　长　率
1983	16.19	7.10	2003	7.97	16.78
1984	15.53	4.47	2004	8.28	13.56
1985	14.98	−0.63	2005	8.67	17.55
1986	14.39	4.63	2006	9.10	17.62
1987	13.60	3.20	2007	9.51	13.66
1988	12.61	−3.51	2008	9.92	14.03
1989	11.79	−0.71	2009	9.98	23.74
1990	10.79	2.12	2010	10.39	15.15
1991	10.21	2.05	2011	10.74	13.83
1992	9.58	1.67	2012	11.06	19.22
1993	8.88	−3.42	2013	11.33	17.89
1994	8.03	−6.82	2014	11.60	17.29
1995	7.40	1.26	2015	11.77	16.30
1996	6.94	8.22	2016	11.95	14.07
1997	6.87	15.25	2017	11.97	10.29

注：以 1978 年不变价格计算。

资料来源：根据中国 1978—2018 历年统计年鉴计算整理而得。

　　图 3-14 是科研类人力资本存量增长率动态变化，可以看出在 1978—2017 年科研类人力资本年均增长率很高，但每年增长率变化波动很大，大体可以分为两个阶段。第一阶段是 1979—1994 年，科研类人力资本存量增速呈波动下降趋势，从 1979 年的 5.30％下降到 1994 年的−6.82％。该阶段部分年份出现了负值，说明这些年的科研人力资本投资流量不能覆盖该年份的科研人力资本折旧，这不利于我国人力资本的积累。第二阶段是 1995—2017 年，科研类人力资本存量增长率从 1995 年的 1.26％快速上升到 1999 年的 18.32％，之后增长率一直在 10.29％～23.74％变动，波动较小。在分析科研人力资本投资基础数据后发现，在第二阶段后期，企业科研投入逐渐超过政府科研投入，企业已经成为科研人力资本投资主体。

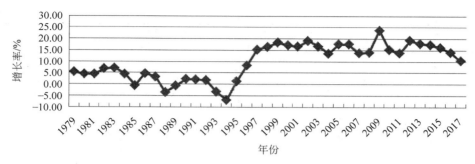

图 3-14　科研类人力资本存量增长率动态变化

资料来源：根据表 3-11 绘制。

3.3.5　我国迁移类人力资本存量分析

从表 3-12 可知,迁移类人力资本是我国五类人力资本中增长最快的,从 1978 年的只有 68.50 亿元增长到 2017 年的 13 058.59 亿元,增长 189.64 倍,年均增长率高达 14.41%,在我国总人力资本存量的比重也从 1978 年的 2.81% 增加到 2017 年的 9.98%,其中在 1996 年的占比最高,达到 18.24%。值得注意的是,本节设定的是迁移类人力资本在当年折旧完毕,所以表 3-12 中的迁移类人力资本存量为当年积累。

表 3-12　1978—2017 年迁移类人力资本存量占比及增速　　　　%

年　份	占　比	增　长　率	年　份	占　比	增　长　率
1978	2.81	—	1998	14.49	1.76
1979	3.17	19.29	1999	12.29	−1.17
1980	3.89	30.61	2000	10.59	−2.54
1981	4.41	21.77	2001	9.19	−2.01
1982	5.02	25.70	2002	7.79	−2.74
1983	6.08	33.48	2003	7.03	1.62
1984	8.79	57.41	2004	7.23	12.48
1985	10.08	18.18	2005	7.25	12.61

年　份	占　比	增 长 率	年　份	占　比	增 长 率
1986	10.70	15.57	2006	7.18	10.93
1987	11.09	13.18	2007	7.19	8.90
1988	11.93	11.97	2008	6.96	5.86
1989	11.27	0.27	2009	10.41	83.98
1990	12.42	23.03	2010	10.66	13.22
1991	11.32	−1.74	2011	11.00	13.74
1992	11.47	9.86	2012	10.94	15.12
1993	12.73	15.59	2013	11.35	19.33
1994	15.20	23.08	2014	11.13	12.37
1995	17.44	26.01	2015	10.70	10.19
1996	18.24	20.69	2016	10.35	8.68
1997	16.71	6.71	2017	9.98	6.15

注：以 1978 年不变价格计算。

资料来源：根据 1978—2018《中国历年统计年鉴》计算整理而得。

从图 3-15 迁移类人力资本存量增长率的变动趋势看，我国迁移类人力资本存量增长可分为四个阶段。第一阶段是 1979—1984 年，迁移类人力资本增长率呈波动上升走势，增长率从 1979 年的 19.29％波动上升到 1984 年的 57.41％。第二阶段是 1985—1995 年，迁移类人力资本增长率呈 W 形振荡态势。增长率先从 1985 年的 18.18％下降到 1989 年的 0.27％，在 1990 年快速上升到 23.03％，在 1991 年又快速下降到−1.74％，之后快速上升到增速顶点 1995 年的 26.01％。第三阶段是 1996—2004 年，增长率呈先下降后上升的 U 形走势，增长率从 1996 年的 20.69％下降到 2002 年的−2.74％，之后上升到 2004 年的 12.48％。第四阶段是 2005—2017 年，迁移类人力资本增长率呈波动略降的走势，增长率从 2005 年的 12.61％微降到 2017 年的 6.15％。其中 2009 年的增长率高达 83.98％，主要是因为在 2009—2017 年的迁移劳动数量应用 2009—2017 年的《农民工监测调查报告》中的农民工转移就业数据，和之前 1978—2008 年使用的"劳动力迁移数量＝乡村就业人数−第一产业就业人数"方法有一定差异。

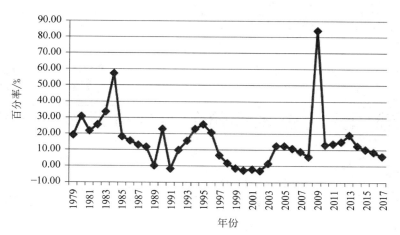

图 3-15　迁移类人力资本存量增长率动态变化

资料来源：根据表 3-12 绘制。

第4章
我国人力资本评价的主成分及聚类分析

第3章笔者采用累计成本法从人力资本投入角度计算了人力资本存量的货币价值,但其计算结果是人力资本的投入,投入不能代表产出,不能衡量人力资本的实际作用,并且需要考虑人力资本折旧问题。而对人力资本建立评价指数,不需要主观地设定某一折旧率或折旧额,应用该方法特别易于观察不同地区或国家之间人力资本水平差异。本章将采用《中国统计年鉴2018》的数据建立人力资本评价指数,对2017年30个省、自治区及直辖市人力资本进行测量。

4.1 我国及省级人力资本评价的主成分分析

这里笔者应用 SPSS 24.0 软件对筛选的各地区人力资本基础指标进行主成分分析,建立我国人力资本评价指数,并对各地区的人力资本水平进行测算和比较分析,从而得出我国不同地区人力资本水平综合排名。

4.1.1 初始数据选取及指标的选择

对于人力资本评价指数的选取应当采用科学理论的方法,能够包含人力资本表现各个方面的内容。数据选取的理论依据是舒尔茨的人力资本理论,他认为人力资本是劳动者自身所有的能力、技术、知识、健康的总和①。考虑到数据的可获得性,本章建立的人力资本评价指标应包括教育、卫生保健、科研三个方面共 15 个指标,如表 4-1～表 4-3 所示。数据来源于《中国统计年鉴 2018》和《中国人口和就业统计年鉴 2018》。在各省、自治区及直辖市的数据中,由于西藏自治区缺失数据较多,所以本章不对西藏自治区进行分析,此后不再赘述。

表 4-1 我国人力资本评价指数基础数据(1)

地 区	教育经费/万元	初中生师比(教师人数＝1)	高中生师比(教师人数＝1)	每10万人口高等学校平均在校生数/人	就业人员研究生以上学历比重/%
北 京	11 934 724	7.73	7.64	5 300	7.20
天 津	5 365 129	9.76	9.91	4 072	2.30
河 北	14 203 834	13.87	13.68	2 328	0.50
山 西	7 942 196	10.00	11.26	2 401	0.80
内蒙古	7 624 806	10.74	12.22	1 969	0.50
辽 宁	9 206 907	9.68	12.26	2 859	0.90
吉 林	6 439 837	9.57	13.82	3 038	0.50
黑龙江	7 336 607	10.08	13.11	2 403	0.60
上 海	11 218 946	10.48	8.86	3 498	4.80
江 苏	24 020 855	11.48	9.96	3 045	0.90
浙 江	18 908 104	12.50	11.11	2 345	1.00
安 徽	12 357 931	13.00	13.91	2 250	0.40
福 建	10 473 975	12.17	12.56	2 352	0.60
江 西	10 468 837	15.85	17.35	2 676	0.30
山 东	22 422 970	11.94	12.31	2 519	0.60
河 南	18 902 582	14.35	16.48	2 455	0.30
湖 北	13 009 264	11.53	12.43	3 000	1.10

① 舒尔茨.论人力资本投资[M].吴珠华,等译.北京:北京经济学院出版社,1990:1.

续表

地区	教育经费/万元	初中生师比（教师人数＝1）	高中生师比（教师人数＝1）	每10万人口高等学校平均在校生数/人	就业人员研究生以上学历比重/%
湖 南	13 781 959	13.38	15.12	2 419	0.60
广 东	33 675 376	12.73	12.50	2 454	0.50
广 西	10 914 241	15.68	17.41	2 383	0.40
海 南	3 068 767	12.85	12.84	2 261	0.30
重 庆	8 863 208	13.00	15.26	3 084	0.90
四 川	17 620 946	12.37	14.50	2 339	0.40
贵 州	10 335 342	14.35	15.77	2 129	0.20
云 南	11 886 446	14.52	14.74	1 999	0.40
陕 西	10 049 114	10.50	13.21	3 582	0.70
甘 肃	6 706 137	10.57	12.72	2 217	0.30
青 海	2 162 973	12.80	13.62	1 391	0.20
宁 夏	2 072 544	13.84	13.65	2 278	0.50
新 疆	7 823 914	10.49	12.75	1 863	0.70

资料来源：根据《中国统计年鉴2018》和《中国人口和就业统计年鉴2018》整理计算。

表 4-2 我国人力资本评价指数基础数据（2）

地 区	每千人卫生技术人员/人	每千人拥有卫生机构床位数/张	地方财政医疗卫生支出/亿元	每千人拥有执业（助理）医师数/人	地方财政科学技术支出占比/%
北 京	11.33	5.56	427.87	4.35	5.30
天 津	6.48	4.39	182.10	2.64	3.53
河 北	5.66	5.25	605.10	2.55	1.04
山 西	6.30	5.34	321.34	2.55	1.34
内蒙古	7.13	5.94	323.48	2.78	0.74
辽 宁	6.66	6.83	336.63	2.65	1.18
吉 林	6.18	5.66	279.22	2.60	1.26

地 区	每千人卫生技术人员/人	每千人拥有卫生机构床位数/张	地方财政医疗卫生支出/亿元	每千人拥有执业（助理）医师数/人	地方财政科学技术支出占比/％
黑龙江	6.05	6.38	297.17	2.34	1.01
上 海	7.73	5.57	412.18	2.81	5.17
江 苏	6.82	5.84	789.52	2.70	4.03
浙 江	8.13	5.54	584.17	3.16	4.03
安 徽	5.01	4.89	597.74	1.93	4.20
福 建	5.92	4.66	420.44	2.15	2.12
江 西	5.10	5.06	492.59	1.81	2.35
山 东	6.88	5.84	829.27	2.64	2.11
河 南	6.08	5.85	836.66	2.30	1.68
湖 北	6.77	6.37	614.69	2.50	3.44
湖 南	6.06	6.59	585.98	2.52	1.33
广 东	6.33	4.41	1 307.56	2.31	5.48
广 西	6.25	4.94	512.31	2.07	1.22
海 南	6.52	4.53	127.37	2.24	0.86
重 庆	6.23	6.71	353.79	2.23	1.37
四 川	6.39	6.79	831.46	2.35	1.23
贵 州	6.31	6.51	436.21	2.11	1.90
云 南	5.91	5.72	546.99	1.96	0.94
陕 西	8.09	6.29	418.27	2.43	1.64
甘 肃	5.59	5.58	289.24	2.14	0.78
青 海	6.98	6.41	125.21	2.59	0.78
宁 夏	7.29	5.84	97.98	2.67	1.86
新 疆	7.12	6.85	266.71	2.55	0.92

资料来源：根据《中国统计年鉴 2018》和《中国人口和就业统计年鉴 2018》整理计算。

表 4-3　我国人力资本评价指数基础数据（3）

地　区	科研人员当量/万人年	科研经费/万元	专利受理量/个	专利授权量/个	技术市场成交额/万元
北　京	52 719	2 690 851	185 928	106 948	44 868 872
天　津	57 881	2 411 418	86 996	41 675	5 514 411
河　北	79 135	3 509 684	61 288	35 348	889 245
山　西	31 757	1 122 323	20 697	11 311	941 471
内蒙古	23 243	1 082 640	11 701	6 271	196 087
辽　宁	49 463	2 749 477	49 871	26 495	3 858 317
吉　林	21 056	749 958	20 450	11 090	2 199 199
黑龙江	24 046	825 854	30 958	18 221	1 467 121
上　海	88 967	5 399 953	131 740	72 806	8 106 177
江　苏	455 468	18 338 832	514 402	227 187	7 784 223
浙　江	333 646	10 301 447	377 115	213 805	3 247 310
安　徽	103 598	4 361 175	175 872	58 213	2 495 697
福　建	105 533	4 487 934	128 079	68 304	754 634
江　西	45 082	2 216 865	70 591	33 029	962 096
山　东	239 170	15 636 785	204 859	100 522	5 116 448
河　南	123 619	4 722 542	119 240	55 407	768 528
湖　北	94 241	4 689 377	110 234	46 369	10 330 773
湖　南	94 228	4 617 716	77 934	37 916	2 031 915
广　东	457 342	18 650 313	627 834	332 652	9 370 755
广　西	16 163	935 996	56 988	15 270	394 228
海　南	1 971	74 815	4 564	2 133	41 079
重　庆	56 416	2 799 986	64 648	34 780	513 581
四　川	71 968	3 010 846	167 484	64 006	4 058 307
贵　州	18 786	648 576	34 610	12 559	807 409
云　南	21 393	885 588	28 695	14 230	847 625
陕　西	44 672	1 963 697	98 935	34 554	9 209 395
甘　肃	10 096	466 912	24 448	9 672	1 629 587

地 区	科研人员当量/ 万人年	科研经费/ 万元	专利受理量/个	专利授权量/个	技术市场成 交额/万元
青 海	1 799	83 276	3 181	1 580	677 186
宁 夏	6 392	291 101	8 575	4 244	66 679
新 疆	6 191	400 468	14 260	8 094	57 554

资料来源：根据《中国统计年鉴 2018》和《中国人口和就业统计年鉴 2018》整理计算。

本章将采用 SPSS 24.0 对所选的人力资本评价指数进行主成分分析。主成分分析是霍特林在 1993 年提出的，其主要思想是通过投影的方法，实现数据的降维，在损失较少数据信息的基础上把多个指标转化为有代表意义的综合指标。在采用主成分分析法前，需要对数据进行标准化处理，以消除量纲的影响。正向指标处理和负向指标处理分别为

$$x'_{ij} = \frac{x_{i.} - \min X_{ij}}{\max X_{ij} - \min X_{ij}} \tag{4-1}$$

$$x'_{ij} = \frac{\max X_{ij} - x_{ij}}{\max X_{ij} - \min X_{ij}} \tag{4-2}$$

式中，x'_{ij} 为标准代后数据；x_{ij} 为原始数据；$\min X_{ij}$ 为样本数据最小值；$\max X_{ij}$ 为样本数据最大值。

4.1.2 我国人力资本评价的主成分分析

根据表 4-4 的 KMO 和巴特利特球形检验，发现 KMO 值＞0.6，也通过显著性检验，主因子成分分析可信。

表 4-4 KMO 和巴特利特检验

KMO 取样适切性量数		0.692
巴特利特球形检验	近似卡方	677.188
	自由度	105
	显著性	0.000

资料来源：主成分分析法提取的数据。

在应用因子分析法对数据降维归类后,提取到的公因子方差如表 4-5 所示,所有数据降维后数据缺失值均小于 0.4,降维结果较好。

表 4-5　公因子方差提取数据

指　　标	初　　始	提　　取
教育经费	1.000	0.931
初中生师比	1.000	0.612
高中生师比	1.000	0.714
每 10 万人口高等学校平均在校生数	1.000	0.722
就业人员研究生以上学历比重	1.000	0.871
每千人卫生技术人员	1.000	0.825
每千人拥有卫生机构床位数	1.000	0.901
地方财政医疗卫生支出	1.000	0.820
每千人拥有城市执业(助理)医师数	1.000	0.859
地方财政科学技术支出占比	1.000	0.842
科研人员当量	1.000	0.937
科研经费	1.000	0.910
专利受理量	1.000	0.958
专利授权量	1.000	0.947
技术市场成交额	1.000	0.807

提取方法:主成分分析法。

根据表 4-6 可知,提取初始特征值大于 1 的因子有三个:第一个因子方差百分比为 45.062%,方差极大化旋转后累计贡献率为 38.674%;第二个因子方差百分比为 31.432%,方差极大化旋转后方差百分比为 36.748%,累计贡献率为 75.421%;第三个因子方差百分比为 7.883%,方差极大化旋转后方差百分比为 8.956%,累计贡献率为 84.377%,前三个因子平方和累计接近 85%,丢失的信息较少。得到的主成分分析碎石图如图 4-1 所示。

表 4-6   初始特征值大于 1 的因子及其贡献率

成分	初始特征值			旋转载荷平方和		
	总计	方差百分比	累计/%	总计	方差百分比	累计/%
1	6.759	45.062	45.062	5.801	38.674	38.674
2	4.715	31.432	76.495	5.512	36.748	75.421
3	1.182	7.883	84.377	1.343	8.956	84.377

提取方法：主成分分析法。

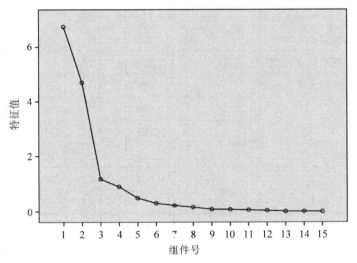

图 4-1   主成分分析碎石图

资料来源：主成分分析结果。

从图 4-1 可以看出，前三个主成分对应的点分布十分理想。第 4～15 个成分解释的方差很小，可以忽略。

表 4-7 是方差极大化旋转后的成分矩阵。

表 4-7   方差极大化旋转后的成分矩阵

指　标	主　成　分			
	1	2	3	加权平均
教育经费	0.962	−0.035	0.018	0.427
初中生师比	−0.072	0.746	0.162	0.309

指　标	主　成　分			
	1	2	3	加权平均
高中生师比	0.172	0.842	−0.121	0.433
每 10 万人口高等学校平均在校生数	0.060	0.804	−0.217	0.354
就业人员研究生以上学历比重	−0.008	0.909	−0.168	0.374
每千人卫生技术人员	0.061	0.886	0.215	0.437
每千人拥有卫生机构床位数	−0.130	0.089	0.934	0.078
地方财政医疗卫生支出	0.876	−0.148	0.052	0.343
每千人拥有城市执业(助理)医师数	0.103	0.896	0.201	0.459
地方财政科学技术支出占比	0.610	0.487	−0.461	0.443
科研人员当量	0.963	0.070	−0.090	0.462
科研经费	0.950	0.087	−0.074	0.466
专利受理量	0.941	0.202	−0.157	0.503
专利授权量	0.932	0.229	−0.126	0.514
技术市场成交额	0.153	0.873	−0.059	0.444

提取方法：主成分分析法。旋转方法：凯撒正态化最大方差法。旋转在 5 次迭代后已收敛。

从表 4-7 可看出,跟第 1 主成分高度相关的指标有教育经费、地方财政医疗卫生支出、地方财政科学技术支出占比、科研人员当量、科研经费、专利受理量和专利授权量,除地方财政科学技术支出占比指标相关性为 0.610 外,其余指标相关性均在 0.85 以上。

与第 2 主成分高度相关的指标有初中生师比、高中生师比、每 10 万人口高等学校平均在校生数、就业人员研究生以上学历比重、每千人卫生技术人员、每千人拥有城市执行(助理)医师数和技术市场成交额,相关性均在 0.70 以上。

第 3 主成分与每千人拥有卫生机构床位数相关,相关性达到 0.934。

根据主成分分析的特性,在此可以将各指标进行归类定义。

将第 1 因子相关指标教育经费、地方财政医疗卫生支出、地方财政科学技术支出占比、科研人员当量、科研经费、专利受理量和专利授权量综合定义为"科研指标"。

　　将第 2 因子相关指标初中生师比、高中生师比、每 10 万人口高等学校平均在
校生数、就业人员研究生以上学历比重、每千人卫生技术人员和技术市场成交额综
合定义为"教育指标"。

　　将第 3 因子相关指标每千人拥有卫生机构床位数定义为"卫生床位指标"。

　　将旋转后的各因子的贡献率做权重,乘以各因子载荷,得到各变量的综合载荷
(表 4-7 最后一列)。全部 15 个指标中影响人力资本水平较大的指标(加权平均系
数大于 0.3)有 14 个,分别是教育经费、初中生师比、高中生师比、每 10 万人口高等
学校平均在校生数、就业人员研究生以上学历比重、每千人卫生技术人员、地方财
政医疗卫生支出、每千人拥有城市执业(助理)医师数、地方财政科学技术支出占
比、科研人员当量、科研经费、专利受理量、专利授权量和技术市场成交额。而每千
人拥有卫生机构床位数的指标加权平均只有 0.078,说明该指标对人力资本的影响
较弱,在建立人力资本评价指标体系时,这并不是一个很好的指标。3 个主成分得
分系数如表 4-8 所示。

表 4-8　成分得分系数

指　　标	主　成　分		
	1	2	3
教育经费(X_1)	0.188	−0.029	−0.121
初中生师比(X_2)	−0.025	0.152	−0.145
高中生师比(X_3)	−0.003	0.147	0.044
每 10 万人口高等学校平均在校生数(X_4)	−0.042	0.142	0.173
就业人员研究生以上学历比重(X_5)	−0.049	0.165	0.130
每千人卫生技术人员(X_6)	0.006	0.174	−0.189
每千人拥有卫生机构床位数(X_7)	0.076	0.047	−0.758
地方医疗卫生支出(X_8)	0.176	−0.051	−0.097
每千人拥有城市执业(助理)医师数(X_9)	0.012	0.175	−0.184
地方财政科学技术支出占比(X_{10})	0.050	0.069	0.282
科研人员当量(X_{11})	0.175	−0.016	−0.046
科研经费(X_{12})	0.175	−0.012	−0.064

指　　标	主　成　分		
	1	2	3
专利受理量(X_{13})	0.163	0.001	0.011
专利授权量(X_{14})	0.158	0.009	0.016
技术市场成交额(X_{15})	0.005	0.158	0.009

提取方法：主成分分析法。旋转方法：凯撒正态化最大方差法。

根据表 4-8 得出的各主成分表达式如下：

$$F_1 = 0.188X_1 - 0.025X_2 - 0.003X_3 - 0.042X_4 - 0.049X_5 + 0.006X_6 + 0.076X_7 + 0.176X_8 + 0.012X_9 + 0.050X_{10} + 0.175X_{11} + 0.175X_{12} + 0.163X_{13} + 0.158X_{14} + 0.005X_{15}$$

$$F_2 = -0.029X_1 + 0.152X_2 + 0.147X_3 + 0.142X_4 + 0.165X_5 + 0.174X_6 + 0.047X_7 - 0.051X_8 + 0.175X_9 + 0.069X_{10} - 0.016X_{11} - 0.012X_{12} + 0.001X_{13} + 0.009X_{14} + 0.158X_{15}$$

$$F_3 = -0.121X_1 - 0.145X_2 + 0.044X_3 + 0.173X_4 + 0.130X_5 - 0.189X_6 - 0.758X_7 - 0.097X_8 - 0.184X_9 + 0.282X_{10} - 0.046X_{11} - 0.064X_{12} + 0.011X_{13} + 0.016X_{14} + 0.009X_{15}$$

4.1.3　我国 30 个省、区、市人力资本水平综合评价

本小节将对我国各地区人力资本水平进行综合评价并排序。通过各主成分表达式计算出 F_1，F_2，F_3 3 个主成分分值，之后分别计算出 F_1，F_2，F_3 3 个主成分的权重系数，权重系数是各方差贡献率与 3 个主成分的累计贡献率的比值，各主成分权重系数计算公式如下：

$$W_n = \frac{\lambda_n}{\sum_{n=1}^{3} \lambda_n} \tag{4-3}$$

其中，$W_n (n=1,2,3)$ 是各主成分的权重；$\lambda_n (n=1,2,3)$ 是主成分在旋转后的方差贡献值。通过式(4-3)计算出，$W_1 = 0.458$，$W_2 = 0.436$，$W_3 = 0.106$。得到人力资本综合评价指数公式为

$$F = 0.458F_1 + 0.436F_2 + 0.106F_3 \qquad (4\text{-}4)$$

根据式(4-4)计算出 F_1，F_2，F_3 3 个主成分分值，最后得出各地区人力资本水平指数排名如下(表 4-9)。

表 4-9 各地区主成分分值及排名

地区	F_1		F_2		F_3	
	得分	排名	得分	排名	得分	排名
北　京	0.237	13	1.177	1	−0.320	9
天　津	0.088	25	0.522	3	0.116	1
河　北	0.254	11	0.190	24	−0.396	10
山　西	0.104	24	0.352	9	−0.414	11
内蒙古	0.117	23	0.341	12	−0.693	22
辽　宁	0.190	18	0.412	7	−0.904	28
吉　林	0.085	26	0.351	10	−0.502	16
黑龙江	0.126	22	0.316	13	−0.737	24
上　海	0.269	10	0.546	2	−0.211	7
江　苏	0.867	2	0.413	6	−0.556	17
浙　江	0.646	3	0.422	5	−0.478	13
安　徽	0.318	8	0.183	25	−0.047	2
福　建	0.243	12	0.236	21	−0.125	5
江　西	0.200	15	0.065	30	−0.127	6
山　东	0.603	4	0.309	14	−0.677	20
河　南	0.396	5	0.138	27	−0.581	18
湖　北	0.326	7	0.407	8	−0.621	19
湖　南	0.313	9	0.226	23	−0.813	27
广　东	1.066	1	0.252	19	−0.078	3
广　西	0.159	20	0.088	29	−0.220	8
海　南	−0.001	30	0.232	22	−0.110	4

续表

地区	F_1		F_2		F_3	
	得分	排名	得分	排名	得分	排名
重　庆	0.205	14	0.261	17	−0.756	25
四　川	0.387	6	0.241	20	−0.922	29
贵　州	0.191	17	0.173	26	−0.691	21
云　南	0.184	19	0.129	28	−0.495	15
陕　西	0.200	16	0.440	4	−0.701	23
甘　肃	0.084	27	0.256	18	−0.475	12
青　海	0.062	28	0.262	16	−0.774	26
宁　夏	0.051	29	0.299	15	−0.484	14
新　疆	0.127	21	0.345	11	−0.946	30

资料来源：根据式(4-1)～式(4-3)计算得出。

从表4-9可看出，30个省、自治区和直辖市在第1主成分、第2主成分和第3主成分中的得分与排名各不相同。

第1主成分"科研指标"中，排名前五位的依次为广东第一（得分1.066）、江苏第二（得分0.867）、浙江第三（得分0.646）、山东第四（得分0.603）、河南第五（得分0.396）。

第2主成分"教育指标"中，排名前五位的依次为北京第一（得分1.177）、上海第二（得分0.646）、天津第三（得分0.522）、陕西第四（得分0.440）、浙江第五（得分0.422）。

第3主成分"卫生床位指标"中，排名前五位的依次为天津第一（得分0.116）、安徽第二（得分−0.047）、广东第三（得分−0.078）、海南第四（得分−0.110）、福建第五（得分−0.125）。

在第3主成分中，部分不发达省份得分较高，可能的解释是这些省份虽然教育和科研等投入不足，但由于人口较少，卫生机构床位能够较好地满足当地居民的医疗需求。

表4-10是各地区人力资本指数综合得分及排名。

表 4-10　各地区人力资本指数综合得分及排名

地区	综合得分	排名	地区	综合得分	排名
广　东	0.590	1	山　西	0.157	16
北　京	0.587	2	湖　南	0.155	17
江　苏	0.519	3	吉　林	0.138	18
浙　江	0.429	4	内蒙古	0.128	19
上　海	0.382	5	重　庆	0.127	20
山　东	0.339	6	黑龙江	0.117	21
天　津	0.280	7	新　疆	0.108	22
湖　北	0.261	8	江　西	0.107	23
安　徽	0.221	9	宁　夏	0.102	24
陕　西	0.209	10	甘　肃	0.100	25
福　建	0.201	11	贵　州	0.090	26
四　川	0.185	12	海　南	0.089	27
河　南	0.180	13	广　西	0.088	28
辽　宁	0.171	14	云　南	0.088	29
河　北	0.157	15	青　海	0.060	30

资料来源：根据式(4-4)和表4-9计算得出。

结合表4-6,在方差极大化旋转后各主成分贡献率不同,第1主成分"科研指标"、第2主成分"教育指标"和第3主成分"卫生床位指标"的贡献率分别为38.674％、36.748％、8.956％。说明在构成人力资本评价指标体系中,"科研指标"和"教育指标"对总人力资本水平的解释度要大于"卫生床位指标"。

从表4-10可以看出,在30个省、自治区、直辖市人力资本水平排在前五位的依次是广东第一(得分0.590)、北京第二(得分0.587)、江苏第三(得分0.519)、浙江第四(得分0.429)和上海第五(得分0.382)。

人力资本水平最低的地区是青海(得分0.060),向上依次是云南(得分0.088)、广西(得分0.088)、海南(得分0.089)和贵州(得分0.090)。

总体上,我国人力资本水平从东部、中部到西部依次降低,得分高的地区大多是沿海的省、直辖市,绝大部分西部省、自治区及直辖市得分较低,该结果和我们的主观认识一致。

4.2 我国人力资本评价的聚类分析

本节应用 SPSS24.0 软件对筛选的各地区人力资本基础指标进行聚类分析,得出我国不同地区人力资本发展的分类结果。

4.2.1 初始数据的选择

使用系统聚类法对第 1 主成分、第 2 主成分和第 3 主成分进行分析,采用欧式距离平方法度量,可以清晰地观测到聚类过程中样本之间的距离及其合并的类。数值越小,相邻样本越先合并,两个地区越相似;相反,数值越大,则两个地区差异越大。得到的结果如表 4-11 所示。

表 4-11 样本凝聚状态数值表

阶段	组合聚类		系数	首次出现聚类的阶段		下一个阶段
	聚类 1	聚类 2		聚类 1	聚类 2	
1	5	8	0.030	0	0	4
2	4	7	0.071	0	0	3
3	4	29	0.119	2	0	5
4	5	22	0.198	1	0	9
5	4	27	0.209	3	0	22
6	6	30	0.215	0	0	17
7	14	20	0.243	0	0	15
8	3	25	0.256	0	0	16
9	5	28	0.276	4	0	13
10	12	13	0.278	0	0	15
11	18	23	0.300	0	0	21

阶段	组合聚类		系数	首次出现聚类的阶段		下一个阶段
	聚类 1	聚类 2		聚类 1	聚类 2	
12	17	26	0.332	0	0	18
13	5	24	0.541	9	0	17
14	11	15	0.620	0	0	19
15	12	14	0.635	10	7	20
16	3	16	0.891	8	0	22
17	5	6	0.931	13	6	18
18	5	17	1.118	17	12	21
19	10	11	1.140	0	14	26
20	12	21	1.323	15	0	25
21	5	18	1.371	18	11	23
22	3	4	1.578	16	5	23
23	3	5	2.078	22	21	26
24	2	9	2.326	0	0	25
25	2	12	4.920	24	20	27
26	3	10	5.725	23	19	27
27	2	3	6.371	25	26	28
28	2	19	15.477	27	0	29
29	1	2	21.804	0	28	0

资料来源：对第1主成分、第2主成分、第3主成分聚类分析结果。

在表 4-11 中，第 5 列、第 6 列首次出现聚类的阶段表明合并的地区是第几次出现，0 代表该地区第一次在聚类过程中出现，1 代表第二次出现，以此类推。从表 4-11 可以看出，样本 5 和样本 8 之间距离最小，说明内蒙古、黑龙江两地区最相似，首先被合并。其次是样本 4 和样本 7，即山西和吉林较为相似，两地区被归为一类，以此类推。

4.2.2 我国人力资本评价的聚类分析结果

图 4-2 所示为我国 30 个省、区、市人力资本水平聚类树状图。结合图 4-2，我们将 30 个地区人力资本水平划分为六类。

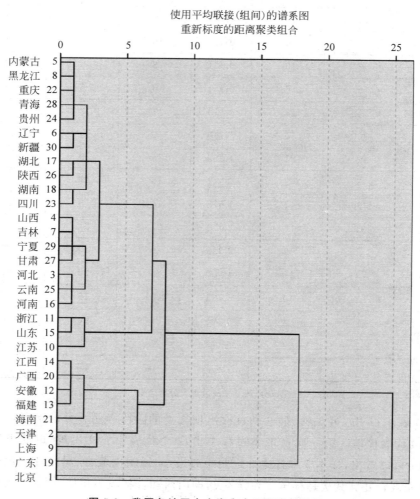

图 4-2 我国各地区人力资本水平聚类树状图

资料来源：对第 1 主成分、第 2 主成分、第 3 主成分聚类分析结果。

第一类包含北京 1 个直辖市;第二类包含广东 1 个省;第三类包含天津和上海 2 个地区;第四类包含江西、广西、安徽、福建和海南 5 个省区;第五类包含浙江、山东、江苏 3 个省;第六类包含内蒙古、黑龙江、重庆、青海、贵州、辽宁、新疆、湖北、陕西、湖南、浙江、四川、山西、吉林、宁夏、甘肃、河北、云南和河南 19 个省区。

结合表 4-9 进行分析,第一类、第二类、第三类和第五类中的广东、北京、江苏、上海、山东和天津在各地区人力资本综合指数排名中位列前六位,说明这些地区人力资本综合水平很高。

第一类的北京在"教育指标"中位居全国第一,但"科研指标"和"卫生床位指标"仅排名全国第 13 位和第 9 位,表现逊于"教育指标"。

第三类的上海和天津在"教育指标"和"卫生床位指标"中排名靠前。在"科研指标"方面,上海排名第 10 位,较为靠前.而天津的排名第 25 位,表现较差。

第四类的江西、广西、安徽、福建和海南 5 个省区的共同点是在第 3 主成分,即"卫生床位指标"中较为靠前,"教育指标"表现较差。在"科研指标"方面,除安徽排名第 8 位,较为靠前外,其他四个省份的该项排名均靠后,表现较差。说明这些地区教育人力资本投资不足,除安徽外,其他四省的科研人力资本投入较低,人力资本水平总体不高,但人口较少或是健康卫生建设较好,相应地卫生机构床位能够比较好地满足当地居民的医疗需求。

第五类中江苏和浙江不但在人力资本综合水平上位居前列,而且在"科研指标"和"教育指标"分项中得分也非常靠前。山东在"科研指标"中位居全国第四,其他两个指标表现一般。

第六类的 19 个地区人力资本综合水平较低,除了辽宁、内蒙古和黑龙江在"教育指标"排名较为靠前外,其他地区在其他各分项中都在全国处于中下游。

第 5 章

我国人力资本对经济增长的影响分析

本章首先分析我国国内生产总值、就业人数及物质资本存量的动态变化,之后,结合这些背景数据,将人力资本作为内生变量构建人力资本与经济增长的数理模型,分析人力资本与我国经济增长之间的关系。

5.1　我国 GDP、就业人数及物质资本存量的动态变化

本节重点对 1978—2017 年间我国 GDP、就业人数和物质资本存量的动态变化进行分析。

5.1.1　我国 GDP 的动态变化

从 1978 年改革开放以来,我国经济总体保持高速增长态势。按当年价格计算,1978—2017 年我国 GDP 从 3 678.70 亿元增长到 827 121.70 亿元,增长 224 倍,年均增长率 14.90%。其中,从 1978 年到 1986 年第一个 1 万亿元用了 8 年时

间,到 1991 年的 2 万亿元用了 5 年时间,到 1993 年的 3 万亿元只用了 2 年时间,此后 7 年国内生产总值以每年 1 万亿元的速度增长,到 2000 年第一次迈入 10 万亿元大关,到 2015 年,每两年增长 10 万亿元,2016 年、2017 年每年增长约 10 万亿元,到 2017 年国内生产总值已接近 83 万亿元。同时,中国经济总量在世界排名上升速度非常快,中国 GDP 总量在 2007 年超过德国位居世界第三,在 2010 年超过日本位居世界第二,仅次于美国。人均 GDP 也从 1978 年的 385 元增长到 2017 年的 59 660 元,增长 154 倍,年均增速 13.80%,如表 5-1 所示。

表 5-1 1978—2017 年我国 GDP 总量及人均 GDP 变化

年份	GDP 总量/亿元	人均生产总值/元	年份	GDP 总量/亿元	人均生产总值/元
1978	3 678.7	385	1998	85 195.5	6 860
1979	4 100.5	423	1999	90 564.4	7 229
1980	4 587.6	468	2000	100 280.1	7 942
1981	4 935.8	497	2001	110 863.1	8 717
1982	5 373.4	533	2002	121 717.4	9 506
1983	6 020.9	588	2003	137 422.0	10 666
1984	7 278.5	702	2004	161 840.2	12 487
1985	9 098.9	866	2005	187 318.9	14 368
1986	10 376.2	973	2006	219 438.5	16 738
1987	12 174.6	1 123	2007	270 232.3	20 505
1988	15 180.4	1 378	2008	319 515.5	24 121
1989	17 179.7	1 536	2009	349 081.4	26 222
1990	18 872.9	1 663	2010	413 030.3	30 876
1991	22 005.6	1 912	2011	489 300.6	36 403
1992	27 194.5	2 334	2012	540 367.4	40 007
1993	35 673.2	3 027	2013	595 244.4	43 852
1994	48 637.5	4 081	2014	643 974.0	47 203
1995	61 339.9	5 091	2015	689 052.1	50 251
1996	71 813.6	5 898	2016	743 585.5	53 935
1997	79 715.0	6 481	2017	827 121.7	59 660

注:按当年价格计算。

资料来源:《中国统计年鉴 2018》。

为更直观地观察数据,笔者选择了1978—2017年的奇数年绘制了我国GDP总量直方图,如图5-1所示。从图中可以看出我国经济总量的增长态势大体可分为两个阶段。第一阶段是1978—1999年的"线性增长方式"。第二阶段是1999—2017年的"指数增长方式"。但我国统计年鉴所公布的GDP总量是按当年价格计算的,若对1979—2017年的GDP按1978年价格进行价格平减,那么2017年的真实GDP为126 992.40亿元,是1978年GDP的34.5倍。

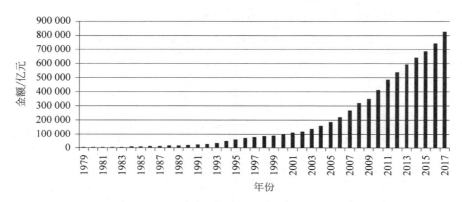

图 5-1　1978—2017 年我国 GDP 总量

资料来源:根据表5-1,按奇数年绘制。

　　表5-2和图5-2是1978—2017年我国GDP增长率变化。从中可以看出,在四十年的改革开放中我国GDP的年均增长率高达9.54%,但波动幅度比较大,增长率最高值为1984年的15.14%,最低值为1990年的3.91%,差距高达11.23%。结合表5-1和图5-1,我国经济发展历程大体可分为三个阶段。

表 5-2　1978—2017 年我国 GDP 增长率变化　　　　　　　　　%

年　　份	GDP 增长率	年　　份	GDP 增长率
1978	—	1998	7.84
1979	7.60	1999	7.67
1980	7.81	2000	8.49
1981	5.17	2001	8.34
1982	8.93	2002	9.13
1983	10.84	2003	10.04

续表

年 份	GDP 增长率	年 份	GDP 增长率
1984	15.14	2004	10.11
1985	13.44	2005	11.40
1986	8.94	2006	12.72
1987	11.69	2007	14.23
1988	11.23	2008	9.65
1989	4.19	2009	9.40
1990	3.91	2010	10.64
1991	9.29	2011	9.54
1992	14.22	2012	7.86
1993	13.87	2013	7.76
1994	13.05	2014	7.30
1995	10.95	2015	6.90
1996	9.93	2016	6.72
1997	9.23	2017	6.86

注：按 1978 年价格计算。

资料来源：根据表 5-1 计算整理而得。

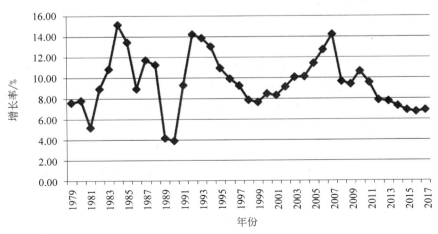

图 5-2　1978—2017 年我国 GDP 增长率变化

资料来源：根据表 5-2 绘制。

第一阶段是 1978—1992 年,逐步确立以市场经济为目标的改革开放探索阶段。1978 年,在十一届三中全会上,中国共产党确立了全党"解放思想、实事求是"的方针,在该方针的指引下,把党和国家的工作中心从"以阶级斗争为纲"转移到"以经济建设为中心"上来,实行改革开放,大幅提高生产力,改变生产力发展不适应生产关系的状况。

1984 年 10 月,十二届三中全会通过了《中共中央关于经济体制改革的决定》,明确提出:进一步贯彻执行对内搞活经济、对外实行开放的方针,加快以城市为重点的整个经济体制改革的步伐,是当前我国形势发展的迫切需要。改革的基本任务是建立起具有中国特色的、充满生机和活力的社会主义经济体制,促进社会生产力的发展。在该阶段,改革开放首先以从农村实行家庭联产承包责任制为突破口,逐步在城市中扩大国有企业自主经营权,并逐步扩展到教育、科技等社会各个领域,同时建立经济特区。

在该阶段,中国经济总量从 1978 年的 3 678.7 亿元增长到 1992 年的 27 194.5 亿元,14 年间增长 6.39 倍,社会生产力得到了极大的发展。但在这一阶段我国的改革开放也面临着许多现实困难,其中包括"双轨制"问题、脑体劳动倒挂、价格波动等。反映到经济中就是 GDP 增长率呈剧烈振荡走势,波动幅度较大,该阶段中国的年均经济增长率为 9.46%,高达 11.23% 的经济增长率差距也出现在这一阶段。

第二阶段是 1993—2007 年,全面建立和完善社会主义市场经济制度时期,核心内容是如何发挥社会主义市场经济在社会资源有效配置中的作用。1993 年,中共十四届三中全会审议并通过的《中共中央关于建立社会主义市场经济体制若干问题的决定》是对我国经济体制改革目标和原则的具体化,其中提道:我国坚持走社会主义市场经济发展道路,坚持以公有制为主体,多种所有制共同发展的市场格局;进一步转换国有企业经营机制,建立现代企业经营制度;取消价格双轨制,建立全国统一开放的市场体系;建立以按劳分配为主体的收入分配制度,鼓励一部分地区一部分人先富起来,走共同富裕的道路。

1994 年国务院批转国家体改委《1994 年经济体制改革实施要点》(以下简称《要点》)。《要点》提到针对转换国有企业经营机制和深化财税、金融、外贸、外汇体制改革两个工作重点,要配套推进价格改革、农村经济体制改革、政府机构改革、社会保障制度和住房制度改革等其他方面的改革。2001 年 12 月,中国正式加入世贸组织,成为世贸组织的成员方。之后几年,我国不断清理与世贸组织规则不相符的法律法规,相继出台和修改了《公司法》《物权法》《反垄断法》等一大批法律法规,进一步完善了我国社会主义市场经济体制的法律体系。

据统计,在加入世贸组织之前五年(1997—2001 年),我国进出口总额为 165 169.9 亿元(按当年价格计算,下同),加入世贸组织之后五年(2002—2006 年),我国进出口总额增长到 475 296.6 亿元,是加入世贸组织之前五年的 2.9 倍。可见,加入世贸组织,使得我国各类企业获得了更平等的竞争机会、更加公开公正公平的市场,大大促进了我国各类企业的发展,也加快了我国全面建立社会主义市场经济体制的速度。该阶段我国经济增长迅速、平稳,波动幅度较小,年均经济增长率达到 10.47%,增长率差距为 6.56%。GDP 增长率呈现 U 形,前增高后降低再增高走势,主要是受 1997 年亚洲金融危机和货币通缩的影响。

第三阶段是 2008 年至今,中国经济体制转型时期。在改革开放的前 20 年中,我国年均经济增长率高达 9.98%。但在经济快速发展中也存在着许多问题,包括:部分行业盲目扩展,产能过剩,巨大的能源消耗,严重的环境污染等问题。中共中央在"十一五"规划期间已经看到这个问题,并提出全面贯彻科学发展观、加快转变经济增长方式、确保宏观经济平稳运行、产业结构优化升级、资源利用效率显著提高等目标。

2008 年爆发的国际金融危机,打乱了我国经济转型和产业结构升级的部署。为防止中国经济快速下滑和应对国际金融危机,中央迅速出台了扩大国内需求的"4 万亿"计划。"4 万亿"计划在短期内使我国经济在 2009—2011 年三年间保持在年均 9.86% 的增长率,但在这一过程只是短期复苏,难以继续保持如此高速的增长,在 2012 年之后经济增长率不断下降,从 2012 年的 7.86% 持续下降到 2017 年的 6.86%,六年间年均经济增长率只有 7.23%。在 2016 年的中央经济工作会议上,中央提出主动适应经济发展新常态,把握好"稳增长"和"调结构"的平衡;推进供给侧改革,优化产业结构;推进大众创业、万众创新,依靠改革创新加快新动能成长和传统动能改造提升等改革目标。可见,我国经济"超高速增长时代"已经结束,"调结构,保增长"的市场经济体制改革将进入深水区,未来几年我国经济将保持同样的增长速度。

5.1.2　我国就业人数的动态变化

根据罗默的经济内生增长模型,影响经济的四要素包括物质资本、劳动、人力资本和技术进步。其中劳动是指非熟练劳动,即就业人口数量,人力资本是指熟练劳动。表 5-3 是 1978—2017 年我国就业人数及其增长率的变化,我国就业人数呈单调增长状态,从 1978 年的 40 152 万人增长到 2017 年的 77 640 万人,年均增长率 1.71%。但我国就业人数的增长率总体呈下降态势,除 1990 年外,我国就业人数增长率在 1984 年达到 3.79% 的最高值,之后就业人数增长率连年下降,到 2017 年就业人数增长率只有 0.05%,就业人数净增加 37 万人,是我国改革开放以来就业人数增长最少的一个年份。

表 5-3　1978—2017 年我国就业人数及其增长率的变化

年份	就业人数/万人	增长率/%	年份	就业人数/万人	增长率/%
1978	40 152	—	1998	70 637	1.17
1979	41 024	2.17	1999	71 394	1.07
1980	42 361	3.26	2000	72 085	0.97
1981	43 725	3.22	2001	72 797	0.99
1982	45 295	3.59	2002	73 280	0.66
1983	46 436	2.52	2003	73 736	0.62
1984	48 197	3.79	2004	74 264	0.72
1985	49 873	3.48	2005	74 647	0.52
1986	51 282	2.83	2006	74 978	0.44
1987	52 783	2.93	2007	75 321	0.46
1988	54 334	2.94	2008	75 564	0.32
1989	55 329	1.83	2009	75 828	0.35
1990	64 749	17.03	2010	76 105	0.37
1991	65 491	1.15	2011	76 420	0.41
1992	66 152	1.01	2012	76 704	0.37
1993	66 808	0.99	2013	76 977	0.36
1994	67 455	0.97	2014	77 253	0.36
1995	68 065	0.90	2015	77 451	0.26
1996	68 950	1.30	2016	77 603	0.20
1997	69 820	1.26	2017	77 640	0.05

资料来源:《中国统计年鉴 2018》。

由于我国的城镇化发展,在改革开放后,我国的就业人口不断从农村转移到城镇,城镇就业人数增长率明显快于乡村就业人数增长率。从表 5-4 和图 5-3 可以看出,我国城镇就业人数从 1978 年的 9 514 万人增加到 2017 年的 42 462 万人,增加了 3.46 倍,年均增长率 3.91%。同时,城镇就业人数增长率也比较平稳,除 1989 年和 1990 年外,城镇就业人数增长率最高的是 1980 年的 5.26%,增长率最低的是 1995 年的 2.07%,相差不大。和城镇就业人数保持稳步增长不同,乡村就业人数从 1978 年的 30 638 万人增加到 1997 年的 49 039 万人最高值,之后一直稳步减少,在 2017 年乡村就业人数降低到 35 178 万人,总体呈现先增高后降低的趋势。其中,在 2014 年,我国城镇就业人数首次超过乡村就业人数,这和我国的城镇化发展过程一致。

表 5-4　我国城镇和乡村就业人数的动态变化　　　　　　万人

年份	城镇就业人数	乡村就业人数	年份	城镇就业人数	乡村就业人数
1978	9 514	30 638	1998	21 616	49 021
1979	9 999	31 025	1999	22 412	48 982
1980	10 525	31 836	2000	23 151	48 934
1981	11 053	32 672	2001	24 123	48 674
1982	11 428	33 867	2002	25 159	48 121
1983	11 746	34 690	2003	26 230	47 506
1984	12 229	35 968	2004	27 293	46 971
1985	12 808	37 065	2005	28 389	46 258
1986	13 292	37 990	2006	29 630	45 348
1987	13 783	39 000	2007	30 953	44 368
1988	14 267	40 067	2008	32 103	43 461
1989	14 390	40 939	2009	33 322	42 506
1990	17 041	47 708	2010	34 687	41 418
1991	17 465	48 026	2011	35 914	40 506
1992	17 861	48 291	2012	37 102	39 602
1993	18 262	48 546	2013	38 240	38 737
1994	18 653	48 802	2014	39 310	37 943
1995	19 040	49 025	2015	40 410	37 041

年份	城镇就业人数	乡村就业人数	年份	城镇就业人数	乡村就业人数
1996	19 922	49 028	2016	41 428	36 175
1997	20 781	49 039	2017	42 462	35 178

资料来源：根据《中国统计年鉴 2016》计算整理而得。

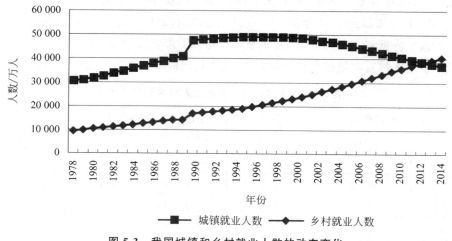

图 5-3　我国城镇和乡村就业人数的动态变化

资料来源：根据表 5-3 绘制。

5.1.3　我国物质资本存量的动态变化

物质资本是促进经济增长的重要生产要素,这里笔者将根据第 2 章的物质存量估算的理论方法计算并分析 1978—2017 年我国物质资本存量的动态变化。

1. 物质资本计算方法

对物质资本存量的测算方法大多使用戈登史密斯(Goldsmith)在 1951 年开创的永续盘存法①。该方法的主要思想是,当年物质资本存量是当年物质资本投资

---

①　GOLDSMITH R W. A perpetual inventory of national wealth[J]. NBER book series studies in income and wealth,1951(14):5-73.

额加上上一年物质资本存量再减去折旧。其公式为

$$K_t = I_t + (1-\delta)K_{t-1} \tag{5-1}$$

其中，K_t 是 t 年物质资本存量，I_t 是 t 年物质资本投资额，δ 是 t 年物质资本折旧率，K_{t-1} 是 $t-1$ 年的物质资本存量。我国学者对物质资本的研究始于 20 世纪 90 年代，经过 20 多年的发展，已经有对全国、各行业和各省（区、市）的物质资本存量测算。使用永续盘存法测算主要涉及四个关键变量，分别是初始物质资本存量、物质资本投资价格指数、当年物质资本投资额和折旧率。

在第 3 章计算人力资本 1978 年基期存量时，笔者假定在改革开放初期，人力资本存量和投资额都较小，对居民收入影响不大，可以认为相邻两年人力资本收入比相同，通过列出方程可得到初始人力资本存量值。但物质资本不同于人力资本，无论是将基期年份定为 1952 年还是将基数年份定为 1978 年，都无法将相邻两年的物质资本产出比等同，所以初始物质资本存量的测算同初始人力资本存量的测算差异较大。对初始物质资本存量采用折旧—贴现法。即初始物质资本存量为初始物质资本投资额除以一段时期内投资额平均增长率与折旧率之和。具体公式如下：

$$K_{1978} = I_{1978}/(\bar{g}_{1973-1983} + \delta_{1978}) \tag{5-2}$$

其中，K_{1978} 是 1978 年的初始物质资本存量，I_{1978} 是固定资产形成总额，δ_{1978} 是 1978 年物质资本折旧率，取值为 5%，$\bar{g}_{1973-1983}$ 是将基期 1978 年前后五年的固定资产形成额平均增长率（1978 年价）[①]。值得注意的是，初始物质资本存量的取值只对最初的测算年份有影响，如果时间序列足够长，那么随着折旧和后续物质资本投资的增加，基年的物质资本存量对后期物质资本存量的影响越来越小。

在物质资本投资价格指数的问题上，国家统计局在 1991 年之前没有公布固定资产投资价格指数，物质资本投资价格指数各位学者基本达成共识，方法如下：

$$P_t = \frac{I_t}{I_{t-1} \cdot \theta_t} \tag{5-3}$$

其中，P_t 是 t 年的物质资本投资价格指数（上年＝1），I_t 和 I_{t-1} 分别是 t 年和 $t-1$ 年当年的固定资本形成总额，θ_t 是 t 年的固定资本形成指数（上年＝1）。在比较通过该方法计算出 1991—2004 年的固定资产投资指数（上年＝1），与统计年鉴

---

① WU Y. Is China's economic growth sustainable? a productivity analysis [J]. China economic review, 2000, 11(3): 278-296.

公布的同时期固定资产投资指数(上年＝1)是近似相等,说明该方法可信。

对物质资本投资额指标的选取采用资本形成总额或固定资本形成总额代替。资本形成总额中包括存货和固定资本形成总额。但存货在当年并未形成生产能力,并且存货数据变动和折旧率变化都较大,所以许多学者都采用固定资本形成总额作为物质资本投资流量。本章也采用该指标作为物质资本投资额。

在第3章对人力资本存量的测算中笔者对五种渠道积累的人力资本折旧采用不同年限的直线折旧法得出各自人力资本投资的折旧率。对物质资本折旧,本书将根据不同时间段设定不同的折旧率,根据已有数据将研究周期 1978—2017 年分为两个区间:第一区间为 1978—1993 年,该区间采用靖学青的数据统一采用 5% 的折旧率[①]。第二区间为 1994—2017 年,在该区间不使用折旧率,而是采用《中国统计年鉴》中的各省区市的固定资产折旧额的加总。

2. 物质资本存量的动态变化

表 5-5 和图 5-4 是 1978—2017 年我国物质资本存量及资本产出比的动态变化。从中可以看出,1978—2017 年间我国物质资本存量呈持续增长态势,1978 年我国物质资本存量只有 8 639.74 亿元,按 1978 年不变价计算(下同),到 2017 年末,我国物质资本存量已达到 418 517.83 亿元,是 1978 年的 48.44 倍,物质资本存量的增长稍快于人力资本存量增长。从 1978 年开始,我国物质资本存量增长第一个 10 000 亿元用了 13 年,增长第二个 10 000 亿元用了 5 年,增长第三个 10 000 亿元只用了 3 年,增长第四个 10 000 亿元用了 2 年,从 2004 年开始,每年物质资本存量的增长几乎都超过 10 000 亿元。

表 5-5　1978—2017 年我国物质资本存量及资本产出比的动态变化
(按 1978 年不变价)

年份	我国物质存量/亿元	资本产出比	年份	我国物质存量/亿元	资本产出比
1978	8 639.74	2.35	1998	36 586.43	1.53
1979	8 836.92	2.23	1999	41 586.58	1.61
1980	9 537.64	2.24	2000	46 363.95	1.66
1981	9 882.42	2.20	2001	52 154.37	1.72

---

① 靖学青. 中国省际物质资本存量估计:1952~2010[J]. 广东社会科学. 2013(2):46-55.

续表

年份	我国物质存量/亿元	资本产出比	年份	我国物质存量/亿元	资本产出比
1982	10 473.88	2.14	2002	59 139.32	1.79
1983	11 463.04	2.12	2003	66 781.32	1.84
1984	12 165.62	1.95	2004	73 672.38	1.84
1985	12 432.29	1.76	2005	84 339.12	1.89
1986	13 545.00	1.76	2006	96 580.80	1.92
1987	15 434.13	1.79	2007	108 954.22	1.90
1988	15 504.81	1.62	2008	118 695.48	1.88
1989	16 172.70	1.62	2009	146 088.44	2.12
1990	18 110.80	1.75	2010	169 527.95	2.22
1991	18 675.29	1.65	2011	190 473.33	2.28
1992	19 138.98	1.48	2012	223 204.16	2.48
1993	19 116.05	1.30	2013	261 159.65	2.69
1994	21 502.64	1.29	2014	300 738.66	2.89
1995	24 783.38	1.34	2015	348 936.78	3.13
1996	28 018.09	1.38	2016	394 746.97	3.32
1997	31 763.39	1.43	2017	418 517.83	3.30

注:《中国统计年鉴》缺少 2004 年、2008 年、2013 年的各省区市固定资产折旧额数值,2004 年、2008 年、2013 年我国固定资产折旧额为推算值。

资料来源:根据 1978—2018 年历年《中国统计年鉴》和《中国国内生产总值核算历史资料(1952—2004)》计算整理而得。

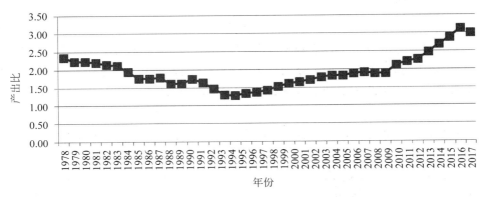

图 5-4　1978—2017 年我国物质资本产出比的动态变化

资料来源:根据表 5-5 绘制。

根据表 5-5 和图 5-4 可看出,我国物质资本产出比大体为 U 形分布,可分为两个阶段:第一阶段是 1978—1993 年,我国物质资本产出比呈波动下降态势,从 1978 年的 2.35 下降到 1993 年的 1.30;第二阶段是 1994—2017 年,我国资产产出比呈持续上升态势,可以认为,1991—2000 年这一阶段,我国物质资本产出比最小,物质资本投资效率最高。从第二阶段不断上升的物质资本产出比可以看出,特别是 2013 年以来,物质资本产出比超过 2.5,对物质资本的使用效率不断下降。可能是因为近年来我国企业能够较容易地获得融资和投资,再加上我国国有企业的特殊身份,大量资本流入投资低效率的国有企业,造成资本的浪费。

5.2 我国人力资本存量与经济增长模型的构建

在本节中通过线性回归方程来描述物质资本、人力资本、劳动数量和中国经济增长的关系理论,并进行数据的时间序列平稳性检验,消除伪回归的情况。式中,因变量为劳均 GDP 的对数值、自变量为劳均物质资本、劳均人力资本的对数值。

5.2.1 模型的建立

曼昆、罗默和威尔在卢卡斯的内生增长理论下构建了一个包含人力资本的生产函数[①],函数形式可适当变形为

$$Y = AK^{\alpha}H^{\beta}L^{\gamma} \tag{5-4}$$

式中,Y 代表产出,A 代表技术进步,K 代表物质资本存量,H 代表人力资本存量,L 代表劳动投入,α、β、γ 分别代表物质资本、人力资本和劳动投入的产出弹性系数。在规模报酬不变的假设下,$\alpha + \beta + \gamma = 1$。对式(5-4)两边除以 L,得到

$$Y/L = AK^{\alpha}H^{\beta}L^{\gamma-1} \tag{5-5}$$

在规模报酬不变的假设下,$\alpha + \beta + \gamma = 1$,所以式(5-5)可进一步变形为

① MANKIW N G, ROMER D, WEIL D N. A contribution to the empirics of economic growth [J]. Quarterly journal of economics, 1990, 107(2): 407-437.

$$Y/L = A(K/L)^{\alpha}(H/L)^{\beta} \qquad (5\text{-}6)$$

在式(5-6)两边取对数,得到

$$LN(Y/L) = LNA + \alpha LN(K/L) + \beta LN(H/L) \qquad (5\text{-}7)$$

式中,Y/L 为劳动力平均产出,K/L 为劳动力平均物质资本,H/L 为劳动力平均人力资本。为更全面地反映中国人口结构变化对经济增长的影响,这里增加对外开放程度(DWKF)、市场化水平(SCH)和老年人口扶养比(LFYB)作为控制变量(CONTROL),模型修正为

$$LN(Y/L) = LNA + \alpha LN(K/L) + \beta LN(H/L) + \theta_{\text{CONTROL}} + \varepsilon \qquad (5\text{-}8)$$

下面进行平稳性检验后,利用式(5-8)分析人力资本对中国经济增长的影响。

5.2.2 初始数据选取

这里的样本数据区间为 1978—2017 年,数据来源于历年《中国统计年鉴》《新中国五十年统计资料汇编》《新中国六十年统计资料汇编》《中国国内生产总值核算历史资料(1952—2004)》。产出 Y 为中国国内生产总值,并利用 GDP 平减指数对其进行消胀得到以 1978 年价格为准的真实 GDP,结果详见表 5-1。K 为物质资本存量,计算方法是当年物质资本存量=当年物质资本投资额+上年物质资本存量—当年折旧额,并利用固定资本投资指数将其转化为 1978 年价格,结果详见表 5-5。H 为人力资本存量,利用永续盘存法计算了 1978—2017 年的总人力资本存量,包括教育类人力资本、卫生类人力资本、培训类人力资本、迁移类人力资本以及科研类人力资本,结果详见表 3-3。L 为劳动投入,这里采用 1978—2017 年全国总就业人口作为劳动投入。对外开放程度 DWKF 使用进出口额占 GDP 的比重来计算,市场化水平 SCH 以城镇中除国有经济以外的职工人数占所有城镇职工的比例来表示,老年人口扶养比 LFYB 为 65 岁及以上人口数与 15～64 岁劳动年龄人口数之比。主要变量的统计描述如表 5-6 所示。

表 5-6 主要变量的统计描述

变量	均值	中位数	最大值	最小值	标准差
$LN(Y/L)$	8.08	8.03	9.57	6.82	0.86
$LN(K/L)$	9.66	9.62	12.29	7.67	1.46
$LN(H/L)$	7.58	7.28	9.53	6.32	0.99

资料来源:根据表 5-1、表 5-5 和表 3-3 数据通过 Eviews 8.0 软件计算整理而得。

5.2.3 数据的单位根及协整检验

在建模时,很多时间序列是非平稳的,为避免出现伪回归结果,使用 Eviews8.0 软件对式(5-5)的三个变量 $LN(Y/L)$、$LN(K/L)$、$LN(H/L)$ 进行单位根检验,结果如表 5-7 所示。

表 5-7 对 $LN(Y/L)$、$LN(K/L)$、$LN(H/L)$ 的单位根检验结果

变量	检验形式	ADF	1%	5%	10%	P 值	结论
$LN(Y/L)$	$(c,t,1)$	−2.460 9	−4.235 0	−3.540 3	−3.202 4	0.344 3	非平稳
$\Delta LN(Y/L)$	$(c,0,0)$	−3.841 8	−3.626 8	−2.945 8	−2.611 5	0.005 8	平　稳
$LN(K/L)$	$(c,t,1)$	−2.591 1	−4.235 0	−3.540 3	−3.202 4	0.286 3	非平稳
$\Delta LN(K/L)$	$(c,0,0)$	−2.732 2	−3.626 8	−2.945 8	−2.611 5	0.078 5	平　稳
$LN(H/L)$	$(c,t,0)$	−0.585 4	−4.226 8	−3.536 6	−3.200 3	0.974 1	非平稳
$\Delta LN(H/L)$	$(c,t,0)$	−4.369 1	−4.235 0	−3.540 3	−3.202 4	0.007 2	平　稳

注:△ 表示一阶差分。检验形式 (c,t,k) 分别代表截距项、时间趋势项和滞后阶数。滞后阶数按照 SCI(《科学引文索引》)标准选取。

表 5-7 表明,$LN(Y/L)$、$LN(K/L)$、$LN(H/L)$ 序列存在单位根,为非平稳序列。在对各序列进行一阶差分后,$\Delta LN(Y/L)$、$\Delta LN(K/L)$、$\Delta LN(H/L)$ 不存在单位根,为平稳序列。其中,$\Delta LN(Y/L)$、$\Delta LN(H/L)$ 在 1% 的显著性下拒绝含有单位根的原假设,$\Delta LN(K/L)$ 在 10% 的显著性水平下拒绝含有单位根的原假设,上述三个变量为 $I(1)$ 序列。

协整关系是序列间可能存在反映变量间长期稳定比例关系的线性组合。在经济模型中,某些变量间存在长期均衡关系,如果某变量在短期中受到干扰,那么模型的长期均衡机制会让其重新恢复到均衡状态中[①]。对协整关系的检验方法大体分为两种:EG(Engle-Granger)两步法和 Jj(Johansen-Juselius)检验法。EG 两步法一般用于两个变量的同阶协整检验,JJ 检验法多用于多变量的同阶协整检验。由于模型中涉及三个变量,均选择 JJ 检验法进行协整检验。在检验前通过建立 VAR(向量自回归)模型确定最优滞后阶数,如果滞后阶数太小则可能存在自相

---

① 李子奈. 高级应用计量经济学[M]. 北京:清华大学出版社,2012:86.

关;如果滞后阶数太大则会引起自由度的减少。

VAR 模型中最优滞后阶数检验结果如表 5-8 所示。

表 5-8　VAR 模型中最优滞后阶数检验结果

滞后阶数	LR	FPE	AIC	SC	HQ
0	NA	0.000 05	−1.362 26	−1.226 22	−1.316 49
1	331.958 50	0.000 00	−12.263 65	−11.719 47	−12.080 55
2	21.534 39	0.000 00	−12.546 44	−11.594 12	−12.226 02
3	7.131 63	0.000 00	−12.311 06	−10.950 60	−11.853 31
4	25.529 33	0.000 00	−13.042 07	−11.273 47	−12.446 99
5	24.463 64*	2.32e−10*	−13.935 66*	−11.758 92*	−13.203 25*

注:1.LR、FPE、AIC、SC、HQ 分别是在 5% 显著水平下通过检验。

2. * 表示在该种检验标准下推荐的最优滞后阶数。

资料来源:通过 Eviews 8.0 软件计算整理而得。

从表 5-8 可知,根据 Eviews 8.0 软件计算,VAR 模型中最优滞后阶数为 5,那么 JJ 协整检验的滞后阶数是 4(协整检验滞后阶数＝VAR 模型最优滞后阶数−1)。对该模型进行协整检验的结果如表 5-9 所示。

表 5-9　JJ 协整关系检验结果

假设 H_0	特征值	迹检验值	5% 临界值	P 值
None*	0.710 9	61.331 2	29.797 1	0.000 0
At most 1*	0.459 8	20.382 7	15.494 7	0.008 4
At most 2	0.001 9	0.061 9	3.841 5	0.803 6
假设 H_0	特征值	最大特征根检验值	5% 临界值	P 值
None*	0.710 9	40.948 5	21.131 6	0.000 0
At most 1*	0.459 8	20.320 9	14.264 6	0.004 9
At most 2	0.001 9	0.061 9	3.841 5	0.803 6

注: * 表示在 5% 水平上拒绝原假设。

资料来源:通过 Eviews 8.0 软件计算整理而得。

从表 5-9 可以看出,无论是迹检验还是最大特征根检验值,都在 5% 水平下拒绝"None""At most 1"的假设,接受"At most 2"的假设,说明在公式中存在两个协整关系。

5.2.4　参数估计的结果

对式(5-5)的生产函数进行 OLS(普通最小二乘法)线性回归,结果如表 5-10 所示。

表 5-10　OLS 生产函数参数估计结果

自变量	回归系数	标准误差	T 值	P 值
$LN(K/L)$	0.603 7	0.038 0	15.889 1	0.000 0
$LN(H/L)$	0.172 1	0.049 2	3.500 4	0.001 4
DWKF	0.322 4	0.073 4	4.390 3	0.000 1
SCH	−0.482 9	0.110 5	−4.371 8	0.000 1
LFYB	−5.851 6	1.091 0	−5.363 5	0.000 0
C	1.645 4	0.150 2	10.952 0	0.000 0
$R^2=0.998\ 8, F$ 值$=5\ 346.273\ 0$				

资料来源:通过 Eviews 8.0 软件计算整理而得。

估计后的方程表示为

$$LN(Y/L)=0.603\ 7LN(K/L)+0.172\ 1LN(H/L)+$$
$$0.322\ 4DWKF-0.482\ 9SCH-5.851\ 6LFYB+1.645\ 4C$$

(5-9)

从表 5-10 的结果可知,所有参数均在 1% 的显著性水平下显著,同时,R^2 为 0.998 8,F 值为 5 346.273 0,表明该模型中劳均物质资本、劳均人力资本对劳均产出的解释能力很强。由于在规模报酬不变的假设下,$\alpha+\beta+\gamma=1$,所以劳动投入的产出弹性 $\gamma=1-0.603\ 7-0.172\ 1=0.224\ 2$。$\alpha$、$\beta$、$\gamma$ 均为正值,表明劳均物质资本、劳均人力资本和劳动投入对经济增长具有明显的拉动作用。劳均物质资本的产出弹性是 0.603 7,表明当劳均物质资本增加 1 个单位,劳均产出增加 0.603 7 个单位。劳均人力资本的产出弹性是 0.172 1,表明当劳均人力资本增加 1 单位,劳均产出增加 0.172 1 个单位。劳动投入的产出弹性是 0.224 2,表明当劳动投入增加1单位,产出增加 0.224 2 个单位。可以看出,物质资本和劳动投入的产出弹性分别是人力资本产出弹性的 3.51 倍和 1.30 倍,均高于人力资本的产出弹性。

对外开放、市场化程度和老年人口扶养比 3 个控制变量的显著性水平均在 1% 的置信水平下。其中,对外开放的系数为 0.322 4,是正数,表明对外开放对劳均产出有拉动作用,其每增加 1 单位,劳均产出增加 0.322 4 个单位。市场化程度的系数是 −0.482 9,是负数,表明市场化程度对劳均产出具有负向作用,这和我们的直观感受大相径庭。笔者认为,市场化程度的负向作用可以解释为我国的市场化程度,即非国有企业的生产效率不高,并没有和物质资本、人力资本和劳动投入的增长相匹配,使得市场化程度出现负面影响。老年人口扶养比的系数是 −5.851 6,是负数,说明老年人口扶养比越高,越会削弱经济增长。

5.3 我国各要素对经济增长的贡献

结合 5.2 节计算出的我国物质资本、人力资本和劳动投入的产出弹性,以及 1978—2017 年我国 GDP、就业人数、物质资本存量和人力资本存量的增长率可以计算出各生产要素对我国经济增长的贡献。

5.3.1 各要素对经济增长贡献的计算方法

物质资本、人力资本和劳动投入对经济增长贡献率的具体计算方法如下:
对式(5-4)两边取对数得到

$$LNY = LNA + \alpha LNK + \beta LNH + \gamma LNL \tag{5-10}$$

对式(5-10)两边求导得到

$$dY/Y = dA/A + \alpha dK/K + \beta dH/H + \gamma dL/L \tag{5-11}$$

令产出增长率 $dY/Y = y$,物质资本增长率 $dK/K = k$,人力资本增长率 $dH/H = h$,劳动投入增长率 $dL/L = l$,那么物质资本贡献率 P_K,人力资本贡献率 P_H,劳动投入贡献率 P_L 计算公式为

$$P_K = \alpha \cdot \frac{k}{y} \qquad\qquad (5\text{-}12)$$

$$P_H = \beta \cdot \frac{h}{y} \qquad\qquad (5\text{-}13)$$

$$P_L = \gamma \cdot \frac{l}{y} \qquad\qquad (5\text{-}14)$$

从式(5-12)～式(5-14)可知,物质资本、人力资本和劳动投入对经济增长贡献率为该生产要素产出弹性乘以该生产要素生产率与 GDP 增长率之比。

5.3.2 各要素对经济增长贡献的结果分析

根据物质资本、人力资本和劳动投入的产出弹性与产出、物质资本、人力资本、劳动投入的增长率可得到各要素对经济增长的贡献如表 5-11 所示。

表 5-11 物质资本、人力资本、劳动投入对经济增长贡献率　　　　　　　%

年份	k	h	P_K	P_H	P_L
1979	2.28	5.70	18.13	12.91	6.41
1980	7.93	6.45	61.32	14.23	9.36
1981	3.61	7.48	42.19	24.88	13.96
1982	5.99	10.26	40.44	19.77	9.01
1983	9.44	10.25	52.62	16.28	5.21
1984	6.13	8.93	24.44	10.16	5.62
1985	2.19	3.01	9.84	3.85	5.80
1986	8.95	8.90	60.44	17.13	7.09
1987	13.95	9.20	72.03	13.54	5.61
1988	0.46	4.04	2.46	6.18	5.86
1989	4.31	6.21	62.13	25.54	9.81
1990	11.98	11.59	185.17	51.04	97.70
1991	3.12	7.79	20.25	14.43	2.76
1992	2.48	8.45	10.54	10.22	1.59
1993	−0.12	4.16	−0.52	5.16	1.60

续表

年份	k	h	P_K	P_H	P_L
1994	12.48	3.08	57.75	4.07	1.66
1995	15.26	9.82	84.12	15.44	1.85
1996	13.05	15.41	79.36	26.71	2.94
1997	13.37	16.44	87.42	30.64	3.06
1998	15.18	17.35	116.96	38.09	3.35
1999	13.67	16.59	107.60	37.24	3.13
2000	11.49	13.05	81.67	26.45	2.56
2001	12.49	12.97	90.40	26.77	2.66
2002	13.39	14.65	88.55	27.61	1.63
2003	12.92	12.70	77.73	21.78	1.39
2004	10.32	9.34	61.61	15.90	1.59
2005	14.48	12.26	76.70	18.52	1.01
2006	14.51	12.03	68.89	16.28	0.78
2007	12.81	8.79	54.35	10.63	0.72
2008	8.94	9.35	55.91	16.66	0.75
2009	23.08	22.94	148.22	42.00	0.83
2010	16.04	10.62	91.07	17.19	0.77
2011	12.36	10.19	78.21	18.39	0.97
2012	17.18	15.71	132.05	34.42	1.06
2013	17.00	15.05	132.33	33.40	1.03
2014	15.16	14.59	125.37	34.40	1.10
2015	16.00	14.60	139.93	36.42	0.83
2016	13.16	12.33	118.23	31.59	0.65
2017	6.02	10.18	53.02	25.56	0.16
均值	10.59	10.83	73.56	21.83	5.74

资料来源：根据式(5-10)～式(5-14)和表3-3,表5-2～表5-5计算整理得出。

从表5-11和图5-5的三条折线的走势可以看出,物质资本、人力资本和劳动投入对经济增长的贡献率差异巨大。总体而言,三类生产要素对经济增长的贡献率从高到低依次是物质资本、人力资本和劳动投入。1979—2017 年,物质资本的平均贡献率为 73.56％,高于人力资本的贡献率 21.83％和劳动投入的贡献率 5.74％,表明在改革开放后我国的经济增长主要依赖于物质资本积累,人力资本是我国经济增长的第二大生产要素。从表 5-11 可看出,1979—2017 年,物质资本和人力资本的年均增长率都在 10％左右,相差不大。造成物质资本和人力资本如此巨大的贡献率差异主要原因在于生产要素的产出弹性不同。

图 5-5 所示为物质资本、人力资本、劳动投入对经济增长贡献率的动态变化,图中各色折线◆、■和▲分别是物质资本、人力资本和劳动投入对经济增长的贡献率。从图中可以看出,在 1979—2017 年,物质资本、人力资本、劳动投入对我国经济增长的贡献率变动差异较大。

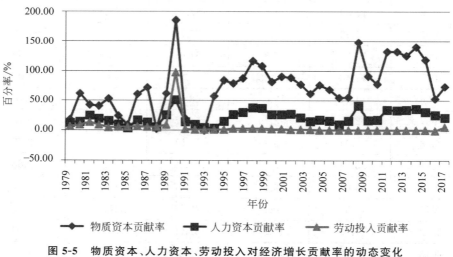

图 5-5　物质资本、人力资本、劳动投入对经济增长贡献率的动态变化

资料来源:根据表 5-11 绘制。

物质资本对经济增长的贡献率可以分为两个阶段:第一阶段是 1979—1993 年,物质资本对经济增长的贡献率呈振荡态势,1990 年的贡献率最高值高达 185.17％。1993 年的贡献率最低值达到-0.52％,该年物质资本对经济增长贡献率呈现负增长。物质资本贡献率 1990 年最高值和 1993 年最低值之差达到了 185.69％,该阶段物质资本对经济增长平均贡献率为 44.10％。结合该阶段的经济增长率,间接反映出我国在改革开放初期物质资本投资的不稳定所造成的物质资本对经济增长贡献率的巨大波动。第二阶段是 1994—2017 年,物质资本对经济增长的贡献率呈波动上升走势。贡献率从 1994 年的 57.75％波动上升到 2009 年的 148.22％,之后振荡下降到 2017 年的 53.02％,平均贡献率高达 91.98％,波动幅度明显较第一阶段减小,说明我国在改革开放后期,物质资本是拉动我国经济增长的最主要因素。从物质资本、人力资本和劳动投入对经济增长贡献率比较分析,越到后期,我国经济增速越加依赖物质资本投资。

人力资本对经济增长的贡献率变化可以分为三个阶段:第一阶段是 1979— 1994 年,人力资本对经济增长的贡献率呈振荡态势。1990 年人力资本对经济增长贡献率最高值达到 51.04％,1985 年人力资本对经济增长的贡献率最低值达到 3.85％,最高值和最低值之差为 47.19％,在该阶段我国人力资本对经济增长平均贡献率为 15.59％。第二阶段是 1995—2007 年,人力资本对经济增长的贡献率呈先上升后下降的倒 U 形走势。贡献率从 1995 年的 15.44％上升到 1998 年的 38.09％,再下降到 2007 年的最低点 10.63％,最高值和最低值之差达到了 27.46％,平均贡献率高达 24.01％。第三阶段是 2008—2017 年,人力资本对经济增长的贡献率呈波动的 W 形走势。在该阶段人力资本对经济贡献率最高值为 2009 年的 42.00％,人力资本对经济贡献率最低值是 2008 年的 16.66％,最高值和最低值之差达到了 25.34％,该阶段人力资本对经济增长平均贡献率高达 29.00％。从人力资本对经济增长贡献率变化的三个阶段看,人力资本对经济的拉动作用虽不如物质资本那么强,但一直处于稳步增长状态,并且人力资本对经济的贡献率波动在不断减小,说明我国人力资本存量和人力资本投资逐渐趋于稳定,而稳定的人力资本投资市场有助于技术进步和提高物质资本投资使用效率。

劳动投入对经济增长的贡献率变化可分为两个阶段:第一阶段是 1979—1990 年,劳动投入贡献率除了在 1981 年 13.96％和 1990 年 97.70％较高以外,其余年份均保持在个位数。第二阶段是 1991—2017 年,在这一阶段劳动投入对经济增长贡献率在 0.16％～3.35％波动,并且呈现波动下降态势,在近年来劳动投入贡献率低于 1％,可见,随着我国经济发展和技术水平的提高,简单劳动投入对经济的拉动作用越来越小,说明我国产业经济逐渐从劳动密集型产业向技术密集型产业和资本密集型产业发展。

第6章
我国人力资本和经济增长的耦合分析

耦合概念来源于物理学,耦合度包括两个方面:"发展度"和"协调度"。人力资本—经济两系统的"发展度"是指两系统从低级到高级的发展程度,"协调度"是指在同一时间截面中,两系统中各要素相互匹配、协调发展的程度。综上,耦合是指两系统和系统内要素在发展中相互配合、和谐一致的基础上,从无到有,从简单到高级的演进过程[①]。耦合度是指两系统和系统要素间相互影响、协调一致的程度。本章包括两部分:第一部分是建立人力资本系统和经济系统的评价指数;第二部分是构建两系统的耦合关系模型,深入分析两系统的协调发展机制。

6.1　模型构建及初始数据说明

这里笔者构建的人力资本系统和经济系统耦合度模型用于描述两系统间相互匹配、协调发展的程度,并对耦合度模型分析所采用数据进行说明。

---

① 逯进,周惠民.中国省域人力资本与经济增长耦合关系的实证分析[J].数量经济技术经济研究,2013(9):3-19,36.

6.1.1 耦合度模型的构建

根据对耦合度和协调度的定义,设 x_1、x_2、x_3、$\cdots$、x_n 为描述人力资本系统的 n 个指标,y_1、y_2、y_3、$\cdots$、y_m 为描述经济系统的 m 个指标,则人力资本和经济系统的函数分别为

$$f(x) = \sum_{i=1}^{n} a_i x_i \tag{6-1}$$

$$g(y) = \sum_{i=1}^{m} b_i y_i \tag{6-2}$$

式中,a_i 和 b_i 分别为人力资本和经济系统因子权重,本章将采用主成分分析法分别计算人力资本和经济系统的因子权重。

对数据进行去量纲处理。本章采取离差标准化法对原始数据进行处理,公式如下:

$$正向指标处理: x'_{ij} = \frac{x_{ij} - \min X_{ij}}{\max X_{ij} - \min X_{ij}} \tag{6-3}$$

$$负向指标处理: x'_{i_s} = \frac{\max X_{ij} - x_{ij}}{\max X_{ij} - \min X_{ij}} \tag{6-4}$$

模型构建如下[①]:

$$T = \lambda f(x)^{\theta} g(y)^{1-\theta} \tag{6-5}$$

$$C = \frac{4 f(x) g(y)}{[f(x) + g(y)]^2} \tag{6-6}$$

$$D = \sqrt{CT} \tag{6-7}$$

式中,λ 为外生参量,θ 和 $1-\theta$ 分别为人力资本和经济系统的产出弹性,反映人力资本和经济系统在总系统中的重要性。本章假设人力资本系统和经济系统同等重要,此处 θ 取值 0.5。T 是人力资本—经济综合发展度,C 是人力资本—经济两系统协调度,D 是耦合度。关于耦合度的判别标准如表 6-1 所示[②]。

[①] 廖重斌. 环境与经济协调发展的定量评判及其分类体系——以珠江三角洲城市群为例[J]. 广州环境科学,1996(1): 12-16.

[②] 吴文恒,牛叔文,郭晓东,等. 中国人口与资源环境耦合的演进分析[J]. 自然资源学报,2006(6): 853-861.

表 6-1 耦合度判别标准和划分类型

负 向 耦 合		正 向 耦 合	
耦合度	失调衰退类型	耦合度	协调发展类型
0~0.09	极度失调衰退	0.50~0.59	勉强协调发展
0.10~0.19	严重失调衰退	0.60~0.69	初级协调发展
0.20~0.29	中度失调衰退	0.70~0.79	中级协调发展
0.30~0.39	轻度失调衰退	0.80~0.89	良好协调发展
0.40~0.49	濒临失调衰退	0.90~1.00	优质协调发展

6.1.2 初始数据的说明

时序数据为 2008—2017 年,收集 30 个省、区、市 10 年的面板数据。2008—2017 年是我国优化产业结构、提高资源利用效率、转变经济增长模式的关键时期。同时,该阶段的统计数据相对完整,具有较强的实证研究价值。本章选取数据来源于历年《中国统计年鉴》《中国劳动统计年鉴》《中国人口和就业统计年鉴》和历年分省统计年鉴,采用原始数据 6 900 个,2017 年人力资本评价指数基础数据见表 5-1,2013 年原始数据如表 6-2~表 6-6 所示,其余年份人力资本和经济初始数据如附录所示。其中,在各省、区、市的数据中,由于西藏自治区缺失数据较多,所以本章的耦合度分析不包括西藏自治区。

表 6-2 2013 年我国人力资本评价初始数据(1)

地　区	教育经费/万元	初中生师比(教师人数=1)	高中生师比(教师人数=1)	每10万人口高等学校平均在校生数/人	就业人员研究生以上学历比重/%
北　京	9 998 366.00	9.75	9.00	5 469	7.09
天　津	5 699 615.00	10.04	11.24	4 346	1.21
河　北	10 298 143.00	12.67	13.28	2 108	0.26
山　西	6 918 247.00	11.00	14.16	2 474	0.20
内蒙古	6 121 559.00	11.12	14.94	2 137	0.35
辽　宁	9 302 062.00	10.64	14.10	2 903	0.32

续表

地　区	教育经费/ 万元	初中生师比 （教师人数＝1）	高中生师比 （教师人数＝1）	每10万人口高 等学校平均在 校生数/人	就业人员研 究生以上学 历比重/%
吉　林	5 480 347.00	9.65	16.47	3 033	0.48
黑龙江	6 006 258.00	9.60	14.03	2 529	0.23
上　海	9 069 715.00	12.11	9.45	3 421	2.15
江　苏	19 862 835.00	10.50	11.41	2 814	0.59
浙　江	14 490 439.00	12.58	12.92	2 363	0.56
安　徽	10 413 043.00	12.63	17.00	2 203	0.31
福　建	8 228 012.00	11.43	12.72	2 435	0.44
江　西	8 284 996.00	14.44	17.62	2 381	0.32
山　东	17 796 161.00	12.08	14.33	2 304	0.48
河　南	15 577 127.00	13.75	17.51	2 114	0.26
湖　北	8 972 278.00	10.94	14.17	3 144	0.43
湖　南	10 784 551.00	12.68	15.44	2 106	0.27
广　东	24 775 503.00	14.63	15.23	2 199	0.41
广　西	7 794 191.00	16.68	17.52	1 939	0.23
海　南	2 222 868.00	13.73	15.65	2 253	0.19
重　庆	6 565 622.00	13.36	17.54	2 894	0.53
四　川	13 805 525.00	13.41	16.85	2 140	0.35
贵　州	6 799 795.00	18.23	18.25	1 535	0.06
云　南	9 006 912.00	15.38	15.60	1 662	0.30
陕　西	8 926 920.00	10.88	15.79	3 612	0.78
甘　肃	4 811 034.00	12.28	15.70	2 193	0.37
青　海	1 569 408.00	13.34	13.64	1 162	0.25
宁　夏	1 697 964.00	14.59	15.92	2 255	0.17
新　疆	6 349 792.00	10.47	12.25	1 749	0.37

　　资料来源：根据历年《中国统计年鉴》《中国劳动统计年鉴》《中国人口和就业统计年鉴》和各地区统计年鉴整理计算。

表 6-3 2013 年我国人力资本评价初始数据（2）

地 区	每千人卫生技术人员/人	每千人拥有卫生机构床位数/张	地方财政医疗卫生支出/亿元	每千人拥有执业（助理）医师数/人	地方财政科学技术支出占比/%
北 京	155	49.18	276.13	59	0.06
天 津	81	39.22	128.94	32	0.04
河 北	44	41.39	380.75	20	0.01
山 西	58	47.56	201.63	25	0.02
内蒙古	60	48.07	196.03	25	0.01
辽 宁	60	55.09	229.5	24	0.02
吉 林	54	48.43	181.51	23	0.01
黑龙江	55	49.33	190.5	21	0.01
上 海	110	47.33	214.92	40	0.06
江 苏	56	46.39	475.86	22	0.04
浙 江	73	41.84	350.73	29	0.04
安 徽	37	39.13	361.8	14	0.03
福 建	54	41.37	224.23	20	0.02
江 西	39	38.54	262.14	15	0.01
山 东	62	50.32	485.86	24	0.02
河 南	42	45.66	492.48	16	0.01
湖 北	50	49.69	322.08	19	0.02
湖 南	45	46.94	342.47	18	0.01
广 东	63	35.55	569.32	24	0.04
广 西	44	39.67	285.61	15	0.02
海 南	53	35.85	69.59	18	0.01
重 庆	42	49.64	198.05	16	0.01
四 川	47	52.63	487.2	19	0.01
贵 州	36	47.61	228.71	13	0.01
云 南	42	44.84	300.57	16	0.01
陕 西	60	49.19	257.14	19	0.01

地　区	每千人卫生技术人员/人	每千人拥有卫生机构床位数/张	地方财政医疗卫生支出/亿元	每千人拥有执业（助理）医师数/人	地方财政科学技术支出占比/%
甘　肃	43	44.95	165.86	16	0.01
青　海	57	51.11	68.64	23	0.01
宁　夏	56	47.59	53.77	21	0.01
新　疆	64	60.65	160.91	23	0.01

资料来源：根据历年《中国统计年鉴》《中国劳动统计年鉴》和各地区统计年鉴整理计算。

表 6-4　2013 年我国人力资本评价初始数据（3）

地　区	科研人员当量/万人年	科研经费/万元	专利受理量/个	专利授权量/个	技术市场成交额/亿元
北　京	58 036	2 130 618.00	123 336	62 671	2 851.72
天　津	68 175	3 000 377.00	60 915	24 856	276.16
河　北	65 049	2 327 418.00	27 619	18 186	31.56
山　西	34 024	1 237 698.00	18 859	8 565	52.77
内蒙古	26 990	1 004 406.00	6 388	3 836	38.74
辽　宁	59 090	3 331 303.00	45 996	21 656	173.38
吉　林	23 709	698 136.00	10 751	6 219	34.72
黑龙江	37 296	950 335.00	32 264	19 819	101.77
上　海	92 136	4 047 800.00	86 450	48 680	531.68
江　苏	393 942	12 395 745.00	504 500	239 645	527.50
浙　江	263 507	6 843 562.00	294 014	202 350	81.50
安　徽	86 000	2 477 246.00	93 353	48 849	130.83
福　建	100 200	2 791 966.00	53 701	37 511	44.69
江　西	29 519	1 106 443.00	16 938	9 970	43.06
山　东	227 403	10 528 097.00	155 170	76 976	179.40
河　南	125 091	2 953 410.00	55 920	29 482	40.24
湖　北	85 826	3 117 987.00	50 816	28 760	397.62
湖　南	73 558	2 703 987.00	41 336	24 392	77.21

续表

地　区	科研人员当量/ 万人年	科研经费/ 万元	专利受理量/个	专利授权量/个	技术市场成 交额/亿元
广　东	426 330	12 374 791.00	264 265	170 430	529.39
广　西	20 700	817 063.00	23 251	7 884	7.34
海　南	2 882	93 567.00	2 359	1 331	3.87
重　庆	36 605	1 388 199.00	49 036	24 828	90.28
四　川	58 148	1 688 902.00	82 453	46 171	148.58
贵　州	16 049	342 541.00	17 405	7 915	18.40
云　南	11 811	454 278.00	11 512	6 804	42.00
陕　西	45 809	1 401 480.00	57 287	20 836	533.28
甘　肃	12 472	400 743.00	10 976	4 737	99.99
青　海	2 039	89 540.00	1 099	502	26.89
宁　夏	4 817	167 494.00	3 230	1 211	1.43
新　疆	6 668	314 257.00	8 224	4 998	3.00

资料来源：根据历年《中国统计年鉴》《中国劳动统计年鉴》和各地区统计年鉴整理计算。

表 6-5　2013 年我国经济评价指数初始数据（1）

地　区	国内生产总值/亿元	人均国内生产总值/元	固定资产投资/亿元	第三产业占比/%
北　京	19 800.81	94 648.00	6 847.06	0.78
天　津	14 442.01	100 105.00	9 130.25	0.48
河　北	28 442.95	38 909.00	23 194.23	0.36
山　西	12 665.25	34 984.00	11 031.89	0.42
内蒙古	16 916.50	67 836.00	14 217.38	0.37
辽　宁	27 213.22	61 996.00	25 107.66	0.41
吉　林	13 046.40	47 428.00	9 979.26	0.36
黑龙江	14 454.91	37 697.00	11 453.08	0.42
上　海	21 818.15	90 993.00	5 647.79	0.63
江　苏	59 753.37	75 354.00	36 373.32	0.46
浙　江	37 756.59	68 805.00	20 782.11	0.48

续表

地 区	国内生产总值/亿元	人均国内生产总值/元	固定资产投资/亿元	第三产业占比/%
安 徽	19 229.34	32 001.00	18 621.90	0.34
福 建	21 868.49	58 145.00	15 327.44	0.40
江 西	14 410.19	31 930.00	12 850.25	0.35
山 东	55 230.32	56 885.00	36 789.07	0.42
河 南	32 191.30	34 211.00	26 087.46	0.36
湖 北	24 791.83	42 826.00	19 307.33	0.40
湖 南	24 621.67	36 943.00	17 841.40	0.41
广 东	62 474.79	58 833.00	22 308.39	0.49
广 西	14 449.90	30 741.00	11 907.67	0.38
海 南	3 177.56	35 663.00	2 697.93	0.52
重 庆	12 783.26	43 223.00	10 435.24	0.47
四 川	26 392.07	32 617.00	20 326.11	0.36
贵 州	8 086.86	23 151.00	7 373.60	0.47
云 南	11 832.31	25 322.00	9 968.30	0.43
陕 西	16 205.45	43 117.00	14 884.15	0.36
甘 肃	6 330.69	24 539.00	6 527.94	0.43
青 海	2 122.06	36 875.00	2 361.09	0.36
宁 夏	2 577.57	39 613.00	2 651.14	0.43
新 疆	8 443.84	37 553.00	7 732.30	0.41

资料来源：根据历年《中国统计年鉴》和各地区统计年鉴整理计算。

表 6-6   2013 年我国经济评价指数初始数据（2）

地 区	居民消费水平/元	城镇居民可支配收入/元	进出口总额/亿元
北 京	33 337.00	44 563.93	42 899.58
天 津	26 261.00	28 979.82	12 850.18
河 北	11 557.00	22 226.75	5 491.16
山 西	12 078.00	22 258.20	1 579.10

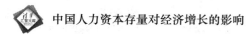

续表

地　区	居民消费水平/元	城镇居民可支配收入/元	进出口总额/亿元
内蒙古	17 168.00	26 003.62	1 199.46
辽　宁	20 156.00	26 696.96	11 447.82
吉　林	13 676.00	21 331.08	2 583.17
黑龙江	12 978.00	20 848.40	3 887.91
上　海	39 223.00	44 878.32	44 126.82
江　苏	23 585.00	31 585.48	55 080.23
浙　江	24 771.00	37 079.68	33 578.87
安　徽	11 618.00	22 789.34	4 551.90
福　建	17 115.00	28 173.90	16 932.09
江　西	11 910.00	22 119.66	3 674.66
山　东	16 728.00	26 882.39	26 653.15
河　南	11 782.00	21 740.67	5 995.69
湖　北	13 912.00	22 667.94	3 638.01
湖　南	12 920.00	24 351.99	2 517.53
广　东	23 739.00	29 537.29	109 158.14
广　西	11 710.00	22 689.38	3 282.75
海　南	11 712.00	22 411.43	1 498.54
重　庆	15 423.00	23 058.22	6 869.22
四　川	12 485.00	22 227.51	6 457.47
贵　州	9 541.00	20 564.93	829.01
云　南	11 224.00	22 460.02	2 530.36
陕　西	13 206.00	22 345.93	2 012.81
甘　肃	9 616.00	19 873.44	1 023.61
青　海	12 070.00	20 352.38	140.27
宁　夏	13 537.00	21 475.73	321.77
新　疆	11 401.00	21 091.48	2 756.14

资料来源：根据历年《中国统计年鉴》和各地区统计年鉴整理计算。

6.2　我国人力资本和经济系统指数分析

本节笔者应用 SPSS 24.0 软件对 2008—2017 年筛选的各地区人力资本系统和经济系统基础指标进行主成分分析,建立我国人力资本和经济指数,构建下一节人力资本和经济系统耦合度分析的数据基础。

6.2.1　指标的选取

本章采用上一章的人力资本评价指标,包括人力资本教育投入、人力资本卫生健康投入和人力资本科研投入三个一级指标和 15 个二级指标。对经济系统的指标选取在综合考虑各位学者的研究成果和数据的可获得性与连续性的基础上对经济系统进行分解、归纳和概括。经济评价指标包括发展水平、产业转化、人民生活和对外开放四个一级指标和七个二级指标。系统具体指标如表 6-7 所示。

表 6-7　人力资本与经济系统指标

系　统	一级指标	二级指标
人力资本	教育 X_1	教育经费 x_1、初中生师比 x_{12}、高中生师比 x_{13}、每 10 万人口高等学校平均在校生数 x_{14}、就业人员研究生以上学历比重 x_{15}
	卫生健康 X_2	每千人卫生技术人员 x_{21}、每千人拥有医疗机构床位数 x_{22}、地方财政医疗支出 x_{23}、每千人拥有执业(助理)医师数 x_{24}
	科研 X_3	地方财政科学研究支出占比 x_{31}、规模以上工业企业科研人员当量 x_{32}、规模以上工业企业科研经费 x_{33}、国内专利受理量 x_{34}、国内专利授权量 x_{35}、技术市场成交额 x_{36}
经济	发展水平 Y_1	地区生产总值 y_{11}、人均地区生产总额 y_{12}、固定资产投资额 y_{13}
	产业转化 Y_2	第三产业增加值占比 y_{21}
	人民生活 Y_3	居民消费水平 y_{31}、城镇居民可支配收入 y_{32}
	对外开放 Y_4	地区进出口总额 y_{41}

6.2.2 指标体系的构建

本节采用主成分分析法分别建立我国人力资本系统和经济系统。在进行主成分分析前对各年份人力资本和经济数据均通过 KMO 和巴特利特球形检验,适合进行主成分分析,具体各年份检验结果如表 6-8 所示。

表 6-8 2008—2017 年人力资本—经济主成分数据检验结果

年份	人力资本系统检验			经济系统检验		
2008	KMO 取样适切性量数		0.753	KMO 取样适切性量数		0.718
	巴特利特球形度检验	近似卡方	834.632	巴特利特球形度检验	近似卡方	283.295
		自由度	105		自由度	21
		显著性	0.000		显著性	0.000
2009	KMO 取样适切性量数		0.792	KMO 取样适切性量数		0.705
	巴特利特球形度检验	近似卡方	788.399	巴特利特球形度检验	近似卡方	287.355
		自由度	105		自由度	21
		显著性	0.000		显著性	0.000
2010	KMO 取样适切性量数		0.773	KMO 取样适切性量数		0.693
	巴特利特球形度检验	近似卡方	758.480	巴特利特球形度检验	近似卡方	271.411
		自由度	105		自由度	21
		显著性	0.000		显著性	0.000
2011	KMO 取样适切性量数		0.737	KMO 取样适切性量数		0.671
	巴特利特球形度检验	近似卡方	787.803	巴特利特球形度检验	近似卡方	279.887
		自由度	105		自由度	21
		显著性	0.000		显著性	0.000
2012	KMO 取样适切性量数		0.710	KMO 取样适切性量数		0.666
	巴特利特球形度检验	近似卡方	669.807	巴特利特球形度检验	近似卡方	280.920
		自由度	105		自由度	21
		显著性	0.000		显著性	0.000

年份	人力资本系统检验			经济系统检验		
2013	KMO 取样适切性量数		0.749	KMO 取样适切性量数		0.634
	巴特利特球形度检验	近似卡方	698.416	巴特利特球形度检验	近似卡方	292.990
		自由度	105		自由度	21
		显著性	0.000		显著性	0.000
2014	KMO 取样适切性量数		0.728	KMO 取样适切性量数		0.633
	巴特利特球形度检验	近似卡方	657.603	巴特利特球形度检验	近似卡方	299.608
		自由度	105		自由度	21
		显著性	0.000		显著性	0.000
2015	KMO 取样适切性量数		0.735	KMO 取样适切性量数		0.641
	巴特利特球形度检验	近似卡方	645.381	巴特利特球形度检验	近似卡方	287.363
		自由度	105		自由度	21
		显著性	0.000		显著性	0.000
2016	KMO 取样适切性量数		0.765	KMO 取样适切性量数		0.618
	巴特利特球形度检验	近似卡方	644.041	巴特利特球形度检验	近似卡方	2893.091
		自由度	105		自由度	21
		显著性	0.000		显著性	0.000
2017	KMO 取样适切性量数		0.692	KMO 取样适切性量数		0.620
	巴特利特球形度检验	近似卡方	677.138	巴特利特球形度检验	近似卡方	302.392
		自由度	105		自由度	21
		显著性	0.000		显著性	0.000

资料来源：主成分分析法提取的数据。

运用 SPSS 24.0 软件对标准化处理后的数据进行主成分分析，要素提取标准是特征值大于 1 并且旋转载荷平方和累计达到 80% 以上，2008—2017 年人力资本和经济系统的因子方差提取数据表与因子累计方差贡献率如表 6-9～表 6-12 所示。

表 6-9　2008—2017 年人力资本系统公因子方差提取到的数据

指　标	初始	2008 年	2009 年	2010 年	2011 年	2012 年	2013 年	2014 年	2015 年	2016 年	2017 年
教育经费	1.000	0.931	0.918	0.934	0.933	0.879	0.879	0.901	0.914	0.926	0.931
初中生师比	1.000	0.480	0.496	0.479	0.741	0.744	0.754	0.627	0.590	0.589	0.612
高中生师比	1.000	0.644	0.681	0.682	0.838	0.705	0.760	0.713	0.751	0.754	0.714
每 10 万人口高等学校平均在校生数	1.000	0.835	0.804	0.803	0.742	0.757	0.729	0.757	0.742	0.697	0.722
就业人员研究生以上学历比重	1.000	0.882	0.936	0.940	0.956	0.940	0.910	0.903	0.858	0.855	0.871
每千人卫生技术人员	1.000	0.971	0.965	0.967	0.963	0.889	0.946	0.843	0.832	0.836	0.825
每千人拥有卫生机构床位数	1.000	0.894	0.893	0.864	0.836	0.705	0.652	0.779	0.878	0.898	0.901
地方财政医疗卫生支出	1.000	0.759	0.615	0.668	0.797	0.681	0.691	0.727	0.740	0.793	0.820
每千人拥有城市执业（助理）医师数	1.000	0.959	0.935	0.950	0.943	0.859	0.933	0.839	0.832	0.854	0.859
地方财政科学技术支出占比	1.000	0.904	0.827	0.878	0.858	0.803	0.865	0.863	0.897	0.823	0.842
科研人员当量	1.000	0.966	0.967	0.939	0.954	0.945	0.966	0.968	0.953	0.941	0.937
科研经费	1.000	0.913	0.920	0.891	0.945	0.935	0.929	0.929	0.923	0.916	0.910
专利受理量	1.000	0.938	0.929	0.894	0.908	0.878	0.884	0.918	0.947	0.951	0.958
专利授权量	1.000	0.938	0.924	0.905	0.911	0.887	0.895	0.914	0.926	0.937	0.947
技术市场成交额	1.000	0.794	0.762	0.740	0.952	0.897	0.828	0.840	0.771	0.789	0.807

提取方法：主成分分析法。

表 6-10　2008—2017 年经济系统公因子方差提取到的数据

指　标	初始	2008 年	2009 年	2010 年	2011 年	2012 年	2013 年	2014 年	2015 年	2016 年	2017 年
地区生产总值	1.000	0.980	0.980	0.980	0.984	0.984	0.986	0.987	0.988	0.984	0.978
人均地区生产总值	1.000	0.885	0.872	0.858	0.825	0.806	0.805	0.820	0.844	0.866	0.895
固定资产投资	1.000	0.923	0.919	0.917	0.926	0.922	0.919	0.920	0.914	0.903	0.910

指　　　　标	初始	2008 年	2009 年	2010 年	2011 年	2012 年	2013 年	2014 年	2015 年	2016 年	2017 年
三产占比	1.000	0.837	0.858	0.827	0.805	0.821	0.830	0.843	0.813	0.837	0.869
居民消费水平	1.000	0.958	0.964	0.946	0.947	0.954	0.958	0.958	0.963	0.973	0.972
城镇居民可支配收入	1.000	0.944	0.945	0.946	0.944	0.940	0.930	0.930	0.926	0.926	0.928
进出口总额	1.000	0.803	0.782	0.789	0.796	0.776	0.755	0.765	0.771	0.776	0.805

提取方法：主成分分析法。

表 6-11　2008—2017 年人力资本系统累计方差贡献率和总方差贡献率

年份	成分	初始的特征值			旋转载荷平方和		
2008	1	8.079	53.860	53.860	8.079	53.860	53.860
	2	4.727	31.515	85.376	4.727	31.515	85.376
2009	1	7.699	51.329	51.329	7.699	51.329	51.329
	2	4.871	32.476	83.805	4.871	32.476	83.805
2010	1	7.638	50.922	50.922	7.638	50.922	50.922
	2	4.896	32.638	83.560	4.896	32.638	83.560
2011	1	7.434	49.558	49.558	7.434	49.558	49.558
	2	4.835	32.232	81.790	4.835	32.232	81.790
	3	1.009	6.729	88.519	1.009	6.729	88.519
2012	1	6.539	43.595	43.595	6.539	43.595	43.595
	2	4.767	31.781	75.376	4.767	31.781	75.376
	3	1.197	7.982	83.358	1.197	7.982	83.358
2013	1	6.850	45.666	45.666	6.850	45.666	45.666
	2	4.541	30.271	75.936	4.541	30.271	75.936
	3	1.230	8.201	84.137	1.230	8.201	84.137
2014	1	6.741	44.942	44.942	6.741	44.942	44.942
	2	4.567	30.445	75.387	4.567	30.445	75.387
	3	1.212	8.083	83.469	1.212	8.083	83.469

续表

年份	成分	初始的特征值			旋转载荷平方和		
	1	6.539	43.595	43.595	6.539	43.595	43.595
2015	2	4.767	31.781	75.376	4.767	31.781	75.376
	3	1.197	7.982	83.358	1.197	7.982	83.358
	1	6.850	45.666	45.666	6.850	45.666	45.666
2016	2	4.541	30.271	75.936	4.541	30.271	75.936
	3	1.230	8.201	84.137	1.230	8.201	84.137
	1	6.741	44.942	44.942	6.741	44.942	44.942
2017	2	4.567	30.445	75.387	4.567	30.445	75.387
	3	1.212	8.083	83.469	1.212	8.083	83.469

提取方法：主成分分析法。

表 6-12　2008—2017 年经济系统累计方差贡献率和总方差贡献率

年份	成分	初始的特征值			旋转载荷平方和		
2008	1	4.447	63.530	63.530	3.753	53.607	53.607
	2	1.883	26.901	90.432	2.578	36.824	90.432
2009	1	4.366	62.365	62.365	3.805	54.363	54.363
	2	1.955	27.925	90.290	2.515	35.926	90.290
2010	1	4.365	62.356	62.356	3.827	54.666	54.666
	2	1.898	27.116	89.473	2.436	34.807	89.473
2011	1	4.355	62.213	62.213	3.838	54.826	54.826
	2	1.871	26.724	88.938	2.388	34.111	88.938
2012	1	4.312	61.600	61.600	3.875	55.358	55.358
	2	1.893	27.040	88.641	2.330	33.282	88.641
2013	1	4.235	60.497	60.497	3.863	55.183	55.183
	2	1.949	27.836	88.333	2.321	33.151	88.333
2014	1	4.279	61.125	61.125	3.896	55.652	55.652
	2	1.946	27.795	88.920	2.329	33.269	88.920

年份	成分	初始的特征值			旋转载荷平方和		
2015	1	4.209	60.132	60.132	3.821	54.591	54.591
	2	2.009	28.701	88.833	2.397	34.242	88.833
2016	1	4.245	60.636	60.636	3.861	55.162	55.162
	2	2.020	28.861	89.497	2.403	34.335	89.497
2017	1	4.312	61.602	61.602	3.912	55.885	55.885
	2	2.044	29.203	90.805	2.444	34.920	90.805

提取方法：主成分分析法。

利用主成分分析得到各主成分得分系数，各主成分得分系数矩阵如表 6-13～表 6-17 所示。

表 6-13   2008—2010 年人力资本系统各主成分得分系数矩阵

主　成　分	2008 年		2009 年		2010 年	
	1	2	1	2	1	2
教育经费	−0.044	0.180	−0.037	0.957	−0.022	0.966
初中生师比	0.106	−0.043	0.701	−0.068	0.690	−0.048
高中生师比	0.112	−0.003	0.814	0.138	0.818	0.109
每10万人口高等学校平均在校生数	0.131	−0.015	0.890	0.107	0.892	0.084
就业人员研究生以上学历比重	0.137	−0.023	0.967	0.025	0.970	−0.006
每千人卫生技术人员	0.143	−0.023	0.981	0.056	0.982	0.048
每千人拥有卫生机构床位数	0.140	−0.031	0.945	−0.012	0.929	−0.017
地方财政医疗卫生支出	−0.016	0.155	−0.033	0.783	−0.057	0.815
每千人拥有城市执业（助理）医师数	0.144	−0.029	0.966	0.025	0.975	0.025
地方财政科学技术支出占比	0.100	0.063	0.781	0.465	0.820	0.454
科研人员当量	−0.037	0.182	0.045	0.982	0.025	0.969
科研经费	−0.022	0.172	0.116	0.952	0.114	0.937

续表

主 成 分	2008 年		2009 年		2010 年	
	1	2	1	2	1	2
专利受理量	−0.008	0.168	0.197	0.943	0.183	0.927
专利授权量	−0.015	0.171	0.149	0.949	0.161	0.938
技术市场成交额	0.122	0.003	0.863	0.135	0.846	0.158

提取方法：主成分分析法。

表 6-14　2011—2012 年人力资本系统各主成分得分系数矩阵

主 成 分	2011 年			2012 年		
	1	2	3	1	2	3
教育经费	0.033	0.178	−0.152	0.174	−0.017	−0.032
初中生师比	−0.123	−0.006	0.525	0.030	−0.063	0.430
高中生师比	−0.040	0.014	0.382	0.027	0.065	0.184
每 10 万人口高等学校平均在校生数	0.160	−0.017	−0.047	−0.036	0.211	−0.110
就业人员研究生以上学历比重	0.282	−0.039	−0.299	−0.062	0.274	−0.219
每千人卫生技术人员	0.158	−0.023	0.006	−0.022	0.136	0.099
每千人拥有卫生机构床位数	0.059	−0.027	0.202	0.005	−0.168	0.553
地方财政医疗卫生支出	0.105	0.149	−0.343	0.147	−0.004	−0.095
每千人拥有城市执业（助理）医师数	0.142	−0.024	0.038	−0.011	0.093	0.180
地方财政科学技术支出占比	0.111	0.065	0.012	0.056	0.177	−0.125
科研人员当量	−0.050	0.186	0.059	0.184	−0.028	0.009
科研经费	−0.066	0.182	0.122	0.187	−0.045	0.078
专利受理量	−0.052	0.174	0.114	0.177	−0.032	0.077
专利授权量	−0.055	0.176	0.111	0.179	−0.031	0.066
技术市场成交额	0.287	−0.009	−0.333	−0.034	0.261	−0.213

提取方法：主成分分析法。

表 6-15　2013—2014 年人力资本系统各主成分得分系数矩阵

主　成　分	2013 年			2014 年		
	1	2	3	1	2	3
教育经费	−0.027	0.175	−0.029	−0.035	0.181	0.012
初中生师比	−0.030	0.038	0.530	0.034	0.028	0.386
高中生师比	0.081	0.030	0.235	0.114	0.023	0.130
每 10 万人口高等学校平均在校生数	0.161	−0.035	−0.022	0.188	−0.049	−0.154
就业人员研究生以上学历比重	0.210	−0.061	−0.159	0.210	−0.067	−0.184
每千人卫生技术人员	0.181	−0.034	−0.019	0.138	−0.014	0.135
每千人拥有卫生机构床位数	−0.110	0.011	0.588	−0.102	0.029	0.654
地方财政医疗卫生支出	−0.037	0.154	−0.066	−0.055	0.165	−0.005
每千人拥有城市执业（助理）医师数	0.170	−0.026	0.015	0.119	0.000	0.200
地方财政科学技术支出占比	0.151	0.053	−0.134	0.170	0.024	−0.205
科研人员当量	−0.032	0.187	0.023	−0.034	0.190	0.046
科研经费	−0.035	0.186	0.075	−0.033	0.188	0.077
专利受理量	−0.017	0.175	0.075	0.002	0.172	0.033
专利授权量	−0.012	0.174	0.038	0.004	0.169	0.009
技术市场成交额	0.192	−0.029	−0.145	0.191	−0.036	−0.145

提取方法：主成分分析法。

表 6-16　2015—2016 年人力资本系统各主成分得分系数矩阵

主　成　分	2015 年			2016 年		
	1	2	3	1	2	3
教育经费	0.186	−0.038	0.061	0.191	−0.040	0.118
初中生师比	−0.001	0.129	0.250	−0.022	0.146	0.130
高中生师比	0.001	0.151	0.019	−0.009	0.153	−0.071
每 10 万人口高等学校平均在校生数	−0.053	0.157	−0.193	−0.040	0.149	−0.161

续表

主 成 分	2015 年			2016 年		
	1	2	3	1	2	3
就业人员研究生以上学历比重	−0.063	0.172	−0.181	−0.051	0.172	−0.127
每千人卫生技术人员	−0.007	0.162	0.168	0.004	0.169	0.189
每千人拥有卫生机构床位数	0.058	0.008	0.723	0.072	0.031	0.739
地方财政医疗卫生支出	0.174	−0.066	0.071	0.182	−0.058	0.135
每千人拥有城市执业（助理）医师数	0.005	0.158	0.192	0.011	0.169	0.181
地方财政科学技术支出占比	0.045	0.105	−0.252	0.053	0.067	−0.301
科研人员当量	0.183	−0.026	0.040	0.176	−0.021	0.032
科研经费	0.180	−0.019	0.049	0.175	−0.017	0.044
专利受理量	0.169	0.005	0.021	0.160	0.004	−0.023
专利授权量	0.168	0.003	0.024	0.161	0.010	0.002
技术市场成交额	−0.021	0.158	−0.073	−0.007	0.160	−0.022

提取方法：主成分分析法。

表 6-17　2017 年人力资本系统各主成分得分系数矩阵

主 成 分	2017 年		
	1	2	3
教育经费	0.188	−0.029	−0.121
初中生师比	−0.025	0.152	−0.145
高中生师比	−0.003	0.147	0.044
每 10 万人口高等学校平均在校生数	−0.042	0.142	0.173
就业人员研究生以上学历比重	−0.049	0.165	0.130
每千人卫生技术人员	0.006	0.174	−0.189
每千人拥有卫生机构床位数	0.076	0.047	−0.758
地方财政医疗卫生支出	0.176	−0.051	−0.097
每千人拥有城市执业（助理）医师数	0.012	0.175	−0.184

续表

主 成 分	2017 年		
	1	2	3
地方财政科学技术支出占比	0.050	0.069	0.282
科研人员当量	0.175	−0.016	−0.046
科研经费	0.175	−0.012	−0.064
专利受理量	0.163	0.001	0.011
专利授权量	0.158	0.009	0.016
技术市场成交额	0.005	0.158	0.009

提取方法：主成分分析法。

表 6-18 和表 6-19 是 2008—2017 年经济系统各主成分得分系数矩阵。

表 6-18　2008—2011 年经济系统各主成分得分系数矩阵

主成分	2008 年		2009 年		2010 年		2011 年	
	1	2	1	2	1	2	1	2
地区生产总值	−0.058	0.393	−0.033	0.389	−0.034	0.399	−0.038	0.409
人均地区生产总值	0.248	−0.003	0.240	0.002	0.238	0.003	0.234	0.000
固定资产投资	−0.126	0.422	−0.121	0.426	−0.128	0.440	−0.129	0.451
三产占比	0.304	−0.253	0.290	−0.256	0.286	−0.243	0.284	−0.238
居民消费水平	0.261	−0.015	0.258	−0.017	0.259	−0.027	0.260	−0.028
城镇居民可支配收入	0.245	0.021	0.243	0.021	0.244	0.019	0.246	0.012
进出口总额	0.109	0.201	0.117	0.199	0.122	0.197	0.131	0.185

提取方法：主成分分析法。

表 6-19　2012—2017 年经济系统各主成分得分系数矩阵

主 成 分	2012 年		2013 年		2014 年	
	1	2	1	2	1	2
地区生产总值	−0.026	0.412	−0.024	0.414	−0.029	0.424
人均地区生产总值	0.232	−0.003	0.227	0.013	0.226	0.003

续表

主 成 分	2012 年		2013 年		2014 年	
	1	2	1	2	1	2
固定资产投资	−0.125	0.456	−0.124	0.451	−0.131	0.458
三产占比	0.278	−0.238	0.275	−0.218	0.271	−0.178
居民消费水平	0.258	−0.026	0.252	−0.005	0.250	−0.015
城镇居民可支配收入	0.244	0.014	0.255	−0.018	0.248	−0.021
进出口总额	0.137	0.180	0.127	0.197	0.115	0.216

主 成 分	2015 年		2016 年		2017 年	
	1	2	1	2	1	2
地区生产总值	−0.028	0.412	−0.025	0.408	−0.025	0.400
人均地区生产总值	0.231	0.012	0.229	0.017	0.228	0.023
固定资产投资	−0.135	0.441	−0.137	0.437	−0.136	0.433
三产占比	0.269	−0.175	0.270	−0.181	0.273	−0.191
居民消费水平	0.257	−0.018	0.255	−0.015	0.251	−0.014
城镇居民可支配收入	0.250	−0.013	0.247	−0.011	0.244	−0.011
进出口总额	0.102	0.237	0.097	0.243	0.097	0.243

提取方法：主成分分析法。

将主成分得分系数矩阵与各个标准化值相乘再相加得到各地区主成分得分，2008—2017 年人力资本—经济系统各主成分得分如表 6-20～表 6-29 所示。

表 6-20　2008 年人力资本—经济系统各主成分得分

地　区	人力资本系统		经 济 系 统	
	主成分 1	主成分 2	主成分 1	主成分 2
北　京	1.088	0.254	0.928	0.070
天　津	0.549	0.085	0.524	0.097
河　北	0.177	0.205	0.044	0.402
山　西	0.255	0.101	0.127	0.118
内蒙古	0.228	0.042	0.207	0.183

续表

地 区	人力资本系统		经 济 系 统	
	主成分 1	主成分 2	主成分 1	主成分 2
辽 宁	0.307	0.226	0.169	0.391
吉 林	0.271	0.045	0.132	0.150
黑龙江	0.258	0.107	0.093	0.145
上 海	0.759	0.329	0.900	0.234
江 苏	0.186	0.847	0.248	0.846
浙 江	0.269	0.693	0.424	0.496
安 徽	0.025	0.213	0.049	0.238
福 建	0.193	0.191	0.291	0.218
江 西	0.137	0.107	0.054	0.169
山 东	0.213	0.581	0.102	0.797
河 南	0.045	0.324	−0.035	0.488
湖 北	0.164	0.218	0.116	0.218
湖 南	0.202	0.183	0.119	0.214
广 东	0.113	0.995	0.400	0.847
广 西	0.077	0.114	0.095	0.132
海 南	0.142	−0.007	0.166	−0.057
重 庆	0.100	0.113	0.151	0.115
四 川	0.072	0.318	0.036	0.293
贵 州	0.029	0.095	0.112	−0.015
云 南	0.120	0.125	0.088	0.092
陕 西	0.199	0.134	0.099	0.151
甘 肃	0.134	0.059	0.067	0.010
青 海	0.234	−0.034	0.102	−0.032
宁 夏	0.197	−0.019	0.169	−0.043
新 疆	0.320	0.020	0.076	0.064

提取方法：主成分分析法。

表 6-21　2009 年人力资本—经济系统各主成分得分

地　　区	人力资本系统		经 济 系 统	
	主成分 1	主成分 2	主成分 1	主成分 2
北　京	1.066	0.223	0.926	0.063
天　津	0.509	0.081	0.538	0.109
河　北	0.188	0.222	0.056	0.426
山　西	0.262	0.106	0.116	0.121
内蒙古	0.258	0.061	0.219	0.207
辽　宁	0.295	0.255	0.189	0.397
吉　林	0.279	0.069	0.139	0.160
黑龙江	0.256	0.126	0.112	0.134
上　海	0.756	0.352	0.921	0.201
江　苏	0.215	0.952	0.286	0.855
浙　江	0.267	0.697	0.459	0.472
安　徽	0.036	0.243	0.047	0.262
福　建	0.213	0.189	0.307	0.221
江　西	0.119	0.131	0.049	0.189
山　东	0.227	0.568	0.132	0.802
河　南	0.056	0.356	−0.026	0.506
湖　北	0.169	0.237	0.113	0.250
湖　南	0.203	0.220	0.127	0.237
广　东	0.126	0.991	0.443	0.828
广　西	0.070	0.123	0.103	0.144
海　南	0.145	−0.003	0.174	−0.064
重　庆	0.095	0.121	0.156	0.125
四　川	0.069	0.350	0.029	0.362
贵　州	0.009	0.106	0.118	−0.021
云　南	0.107	0.140	0.093	0.092

地　区	人力资本系统		经　济　系　统	
	主成分 1	主成分 2	主成分 1	主成分 2
陕　西	0.207	0.154	0.108	0.163
甘　肃	0.118	0.069	0.066	0.010
青　海	0.215	−0.026	0.106	−0.037
宁　夏	0.200	−0.025	0.180	−0.050
新　疆	0.320	0.026	0.081	0.046

资料来源：根据主成分分析法计算而得。

表 6-22　2010 年人力资本—经济系统各主成分得分

地　　区	人力资本系统		经　济　系　统	
	主成分 1	主成分 2	主成分 1	主成分 2
北　京	1.086	0.215	0.903	0.071
天　津	0.521	0.089	0.559	0.116
河　北	0.188	0.242	0.053	0.444
山　西	0.267	0.102	0.117	0.139
内蒙古	0.243	0.078	0.220	0.220
辽　宁	0.315	0.229	0.187	0.439
吉　林	0.273	0.064	0.125	0.175
黑龙江	0.271	0.117	0.111	0.157
上　海	0.754	0.308	0.918	0.181
江　苏	0.255	0.909	0.313	0.886
浙　江	0.297	0.613	0.473	0.473
安　徽	0.076	0.262	0.041	0.297
福　建	0.239	0.184	0.304	0.247
江　西	0.115	0.138	0.051	0.218
山　东	0.235	0.577	0.142	0.814
河　南	0.061	0.360	−0.024	0.520

地　　区	人力资本系统		经 济 系 统	
	主成分 1	主成分 2	主成分 1	主成分 2
湖　北	0.184	0.238	0.107	0.287
湖　南	0.197	0.217	0.114	0.265
广　东	0.150	0.975	0.435	0.844
广　西	0.073	0.143	0.090	0.175
海　南	0.154	−0.006	0.190	−0.062
重　庆	0.113	0.124	0.151	0.144
四　川	0.081	0.333	0.031	0.371
贵　州	0.000	0.111	0.111	−0.007
云　南	0.111	0.147	0.090	0.102
陕　西	0.214	0.161	0.104	0.189
甘　肃	0.128	0.062	0.049	0.033
青　海	0.201	−0.025	0.099	−0.029
宁　夏	0.195	−0.019	0.183	−0.047
新　疆	0.323	0.038	0.069	0.072

资料来源：根据主成分分析法计算而得。

表 6-23　2011 年人力资本—经济系统各主成分得分

地　　区	人力资本系统			经 济 系 统	
	主成分 1	主成分 2	主成分 3	主成分 1	主成分 2
北　京	1.054	0.199	0.342	0.907	0.056
天　津	0.235	0.135	0.786	0.564	0.111
河　北	0.063	0.240	0.327	0.052	0.446
山　西	0.101	0.116	0.416	0.104	0.157
内蒙古	0.076	0.093	0.423	0.230	0.235
辽　宁	0.138	0.223	0.506	0.203	0.441
吉　林	0.094	0.070	0.461	0.132	0.158

续表

地　区	人力资本系统			经济系统	
	主成分 1	主成分 2	主成分 3	主成分 1	主成分 2
黑龙江	0.068	0.131	0.502	0.113	0.161
上　海	0.452	0.303	0.742	0.917	0.146
江　苏	0.029	0.967	0.640	0.342	0.898
浙　江	0.108	0.623	0.514	0.484	0.474
安　徽	0.093	0.288	0.020	0.046	0.303
福　建	0.035	0.212	0.556	0.303	0.266
江　西	0.067	0.145	0.091	0.058	0.209
山　东	0.079	0.601	0.401	0.156	0.824
河　南	0.113	0.355	−0.117	−0.013	0.508
湖　北	0.114	0.242	0.267	0.102	0.320
湖　南	0.044	0.240	0.366	0.100	0.300
广　东	0.153	0.918	0.010	0.446	0.826
广　西	0.082	0.150	−0.019	0.076	0.186
海　南	0.056	0.006	0.281	0.193	−0.056
重　庆	0.087	0.127	0.120	0.165	0.151
四　川	0.138	0.296	−0.088	0.031	0.382
贵　州	0.061	0.103	−0.142	0.114	0.005
云　南	0.078	0.144	0.092	0.100	0.099
陕　西	0.160	0.154	0.235	0.099	0.211
甘　肃	0.064	0.065	0.209	0.053	0.035
青　海	0.015	−0.008	0.484	0.080	−0.015
宁　夏	0.072	−0.006	0.355	0.186	−0.046
新　疆	0.062	0.058	0.665	0.073	0.081

资料来源：根据主成分分析法计算而得。

表 6-24　2012 年人力资本—经济系统各主成分得分

地　区	人力资本系统			经 济 系 统	
	主成分 1	主成分 2	主成分 3	主成分 1	主成分 2
北　京	0.200	1.010	0.548	0.907	0.050
天　津	0.179	0.333	0.566	0.567	0.112
河　北	0.255	0.043	0.450	0.046	0.459
山　西	0.141	0.062	0.669	0.110	0.156
内蒙古	0.115	0.050	0.666	0.236	0.236
辽　宁	0.237	0.072	0.843	0.217	0.467
吉　林	0.104	0.038	0.718	0.126	0.179
黑龙江	0.150	0.044	0.696	0.105	0.174
上　海	0.318	0.416	0.601	0.908	0.121
江　苏	1.000	0.079	0.729	0.363	0.902
浙　江	0.647	0.161	0.562	0.480	0.489
安　徽	0.305	0.046	0.250	0.037	0.330
福　建	0.245	0.090	0.502	0.297	0.292
江　西	0.143	0.042	0.152	0.056	0.214
山　东	0.614	0.006	0.726	0.172	0.837
河　南	0.352	0.012	0.247	−0.010	0.530
湖　北	0.256	0.081	0.603	0.098	0.348
湖　南	0.266	0.007	0.542	0.098	0.322
广　东	0.903	0.108	0.135	0.471	0.809
广　西	0.145	0.070	0.107	0.075	0.196
海　南	0.021	0.118	0.260	0.195	−0.056
重　庆	0.136	0.029	0.423	0.188	0.150
四　川	0.314	−0.016	0.473	0.036	0.402
贵　州	0.105	−0.019	0.090	0.099	0.029
云　南	0.157	−0.016	0.280	0.093	0.120

续表

地 区	人力资本系统			经 济 系 统	
	主成分 1	主成分 2	主成分 3	主成分 1	主成分 2
陕　西	0.167	0.130	0.557	0.098	0.239
甘　肃	0.080	0.008	0.455	0.048	0.042
青　海	0.027	−0.008	0.646	0.076	−0.013
宁　夏	0.011	0.060	0.456	0.179	−0.046
新　疆	0.106	−0.044	1.082	0.084	0.089

资料来源：根据主成分分析法计算而得。

表 6-25　2013 年人力资本—经济系统各主成分得分

地 区	人力资本系统			经 济 系 统	
	主成分 1	主成分 2	主成分 3	主成分 1	主成分 2
北　京	1.011	0.214	0.616	0.950	0.059
天　津	0.389	0.195	0.649	0.530	0.131
河　北	0.047	0.279	0.553	0.015	0.462
山　西	0.110	0.167	0.767	0.093	0.157
内蒙古	0.063	0.131	0.780	0.224	0.247
辽　宁	0.097	0.257	0.963	0.228	0.465
吉　林	0.081	0.120	0.821	0.102	0.173
黑龙江	0.060	0.167	0.923	0.098	0.178
上　海	0.506	0.304	0.671	0.908	0.116
江　苏	0.113	1.033	0.901	0.366	0.903
浙　江	0.186	0.699	0.594	0.469	0.487
安　徽	0.040	0.336	0.383	0.009	0.342
福　建	0.115	0.271	0.647	0.244	0.313
江　西	0.038	0.165	0.263	0.035	0.225
山　东	0.037	0.652	0.791	0.155	0.843
河　南	−0.035	0.396	0.462	−0.017	0.530

地　区	人力资本系统			经　济　系　统	
	主成分 1	主成分 2	主成分 3	主成分 1	主成分 2
湖　北	0.090	0.289	0.806	0.091	0.363
湖　南	0.002	0.286	0.633	0.090	0.336
广　东	0.135	0.949	0.234	0.429	0.827
广　西	0.039	0.159	0.147	0.052	0.203
海　南	0.113	0.029	0.319	0.190	−0.062
重　庆	0.025	0.164	0.603	0.191	0.138
四　川	−0.031	0.352	0.662	0.018	0.410
贵　州	−0.046	0.119	0.245	0.067	0.055
云　南	0.003	0.167	0.404	0.068	0.136
陕　西	0.121	0.198	0.753	0.075	0.259
甘　肃	0.028	0.098	0.614	0.045	0.048
青　海	0.031	0.034	0.774	0.079	−0.009
宁　夏	0.064	0.016	0.525	0.152	−0.032
新　疆	0.026	0.124	1.147	0.091	0.093

资料来源：根据主成分分析法计算而得。

表 6-26　2014 年人力资本—经济系统各主成分得分

地　区	人力资本系统			经　济　系　统	
	主成分 1	主成分 2	主成分 3	主成分 1	主成分 2
北　京	1.067	0.224	0.546	0.946	0.046
天　津	0.433	0.184	0.351	0.526	0.130
河　北	0.088	0.269	0.444	−0.001	0.452
山　西	0.190	0.153	0.716	0.084	0.140
内蒙古	0.139	0.129	0.813	0.231	0.248
辽　宁	0.178	0.234	0.926	0.236	0.409
吉　林	0.176	0.113	0.796	0.079	0.172

地 区	人力资本系统			经 济 系 统	
	主成分 1	主成分 2	主成分 3	主成分 1	主成分 2
黑龙江	0.141	0.161	0.845	0.120	0.125
上 海	0.488	0.297	0.542	0.919	0.111
江 苏	0.226	1.002	0.779	0.388	0.906
浙 江	0.265	0.714	0.571	0.459	0.491
安 徽	0.110	0.324	0.279	0.002	0.346
福 建	0.185	0.273	0.496	0.239	0.326
江 西	0.055	0.165	0.163	0.024	0.228
山 东	0.114	0.659	0.790	0.157	0.840
河 南	0.011	0.398	0.494	−0.023	0.537
湖 北	0.224	0.298	0.796	0.092	0.373
湖 南	0.043	0.289	0.669	0.087	0.345
广 东	0.107	0.997	0.302	0.403	0.841
广 西	0.065	0.156	0.150	0.041	0.208
海 南	0.175	0.020	0.255	0.183	−0.058
重 庆	0.089	0.171	0.621	0.189	0.153
四 川	0.034	0.365	0.789	0.020	0.403
贵 州	−0.040	0.137	0.359	0.048	0.079
云 南	−0.003	0.158	0.360	0.057	0.138
陕 西	0.233	0.194	0.735	0.073	0.260
甘 肃	0.086	0.099	0.565	0.037	0.053
青 海	0.059	0.042	0.807	0.075	−0.008
宁 夏	0.129	0.017	0.513	0.143	−0.029
新 疆	0.125	0.131	1.156	0.080	0.102

资料来源：根据主成分分析法计算而得。

表 6-27　2015 年人力资本—经济系统各主成分得分

地 区	人力资本系统			经 济 系 统	
	主成分 1	主成分 2	主成分 3	主成分 1	主成分 2
北 京	0.234	1.156	0.352	0.962	0.046
天 津	0.158	0.554	−0.004	0.544	0.132
河 北	0.263	0.150	0.361	−0.008	0.423
山 西	0.121	0.327	0.560	0.120	0.107
内蒙古	0.123	0.291	0.711	0.227	0.187
辽 宁	0.202	0.359	0.846	0.266	0.284
吉 林	0.098	0.336	0.610	0.070	0.167
黑龙江	0.142	0.300	0.724	0.130	0.095
上 海	0.263	0.656	0.271	0.943	0.124
江 苏	0.981	0.385	0.589	0.402	0.894
浙 江	0.729	0.395	0.510	0.462	0.496
安 徽	0.326	0.168	0.143	0.006	0.330
福 建	0.265	0.262	0.296	0.238	0.339
江 西	0.174	0.080	0.081	0.031	0.230
山 东	0.666	0.246	0.683	0.148	0.821
河 南	0.412	0.081	0.524	−0.023	0.531
湖 北	0.315	0.381	0.727	0.091	0.378
湖 南	0.307	0.160	0.743	0.086	0.350
广 东	1.025	0.222	0.144	0.391	0.857
广 西	0.161	0.071	0.162	0.023	0.222
海 南	0.005	0.238	0.207	0.198	−0.051
重 庆	0.203	0.215	0.652	0.183	0.164
四 川	0.388	0.177	0.818	0.032	0.370
贵 州	0.165	0.050	0.492	0.040	0.099
云 南	0.169	0.062	0.355	0.050	0.143

地 区	人力资本系统			经济系统	
	主成分 1	主成分 2	主成分 3	主成分 1	主成分 2
陕 西	0.202	0.378	0.669	0.073	0.240
甘 肃	0.088	0.213	0.446	0.051	0.037
青 海	0.052	0.206	0.777	0.091	−0.011
宁 夏	0.022	0.236	0.408	0.139	−0.019
新 疆	0.131	0.318	1.013	0.089	0.094

表 6-28 　2016 年人力资本—经济系统各主成分得分

地 区	人力资本系统			经济系统	
	主成分 1	主成分 2	主成分 3	主成分 1	主成分 2
北 京	0.246	1.155	0.338	1.002	0.041
天 津	0.131	0.524	−0.141	0.563	0.115
河 北	0.258	0.178	0.315	−0.002	0.406
山 西	0.112	0.343	0.442	0.121	0.082
内蒙古	0.117	0.317	0.622	0.225	0.169
辽 宁	0.198	0.394	0.843	0.261	0.096
吉 林	0.095	0.362	0.542	0.066	0.151
黑龙江	0.128	0.314	0.608	0.137	0.070
上 海	0.279	0.640	0.181	0.955	0.128
江 苏	0.934	0.399	0.502	0.416	0.877
浙 江	0.706	0.405	0.413	0.457	0.499
安 徽	0.330	0.187	−0.052	0.016	0.325
福 建	0.258	0.250	0.138	0.246	0.336
江 西	0.186	0.070	0.078	0.046	0.224
山 东	0.638	0.274	0.608	0.171	0.806
河 南	0.408	0.097	0.573	−0.021	0.531

续表

地 区	人力资本系统			经济系统	
	主成分1	主成分2	主成分3	主成分1	主成分2
湖 北	0.334	0.396	0.651	0.094	0.381
湖 南	0.312	0.191	0.796	0.092	0.345
广 东	1.058	0.233	0.053	0.390	0.856
广 西	0.169	0.077	0.214	0.019	0.223
海 南	0.002	0.246	0.108	0.198	−0.052
重 庆	0.207	0.253	0.694	0.188	0.168
四 川	0.397	0.206	0.852	0.049	0.359
贵 州	0.179	0.116	0.585	0.038	0.111
云 南	0.174	0.092	0.419	0.052	0.146
陕 西	0.206	0.418	0.654	0.074	0.237
甘 肃	0.082	0.236	0.385	0.061	0.027
青 海	0.046	0.225	0.640	0.096	−0.013
宁 夏	0.033	0.268	0.411	0.137	−0.019
新 疆	0.130	0.344	0.921	0.087	0.076

资料来源：根据主成分分析法计算而得。

表 6-29　2017 年人力资本—经济系统各主成分得分

地 区	人力资本系统			经 济 系 统	
	主成分1	主成分2	主成分3	主成分1	主成分2
北 京	0.237	1.177	−0.320	1.002	0.041
天 津	0.088	0.522	0.116	0.551	0.093
河 北	0.254	0.190	−0.396	0.002	0.399
山 西	0.104	0.352	−0.414	0.126	0.037
内蒙古	0.117	0.341	−0.693	0.224	0.116
辽 宁	0.190	0.412	−0.904	0.246	0.093
吉 林	0.085	0.351	−0.502	0.069	0.129

地　　区	人力资本系统			经 济 系 统	
	主成分 1	主成分 2	主成分 3	主成分 1	主成分 2
黑龙江	0.126	0.316	−0.737	0.134	0.063
上　海	0.269	0.646	−0.211	0.938	0.137
江　苏	0.867	0.413	−0.556	0.413	0.906
浙　江	0.646	0.422	−0.478	0.462	0.498
安　徽	0.318	0.183	−0.047	0.017	0.338
福　建	0.243	0.236	−0.125	0.248	0.357
江　西	0.200	0.065	−0.127	0.033	0.244
山　东	0.603	0.309	−0.677	0.166	0.792
河　南	0.396	0.138	−0.581	−0.026	0.551
湖　北	0.326	0.407	−0.621	0.100	0.385
湖　南	0.313	0.226	−0.813	0.097	0.355
广　东	1.066	0.252	−0.078	0.381	0.875
广　西	0.159	0.088	−0.220	0.025	0.219
海　南	−0.001	0.232	−0.110	0.209	−0.052
重　庆	0.205	0.261	−0.756	0.182	0.178
四　川	0.387	0.241	−0.922	0.058	0.376
贵　州	0.191	0.173	−0.691	0.031	0.139
云　南	0.184	0.129	−0.495	0.045	0.169
陕　西	0.200	0.440	−0.701	0.061	0.271
甘　肃	0.084	0.256	−0.475	0.080	−0.018
青　海	0.062	0.262	−0.774	0.102	−0.018
宁　夏	0.051	0.299	−0.484	0.140	−0.015
新　疆	0.127	0.345	−0.946	0.080	0.097

资料来源：根据主成分分析法计算而得。

根据每个成分得分计算出各地综合得分,以每个主成分相对应的旋转载荷贡献率为权数,分别构造人力资本和经济系统的综合评价函数,2008—2017 年人力资本和经济系统综合评价函数如下:

2008 年人力资本和经济系统的函数分别为

$$f(x) = 0.554F_1 + 0.446F_2 \tag{6-8}$$

$$g(y) = 0.584F_4 + 0.416F_5 \tag{6-9}$$

2009 年人力资本和经济系统的函数分别为

$$f(x) = 0.562F_1 + 0.438F_2 \tag{6-10}$$

$$g(y) = 0.596F_4 + 0.404F_5 \tag{6-11}$$

2010 年人力资本和经济系统的函数分别为

$$f(x) = 0.566F_1 + 0.434F_2 \tag{6-12}$$

$$g(y) = 0.603F_4 + 0.397F_5 \tag{6-13}$$

2011 年人力资本和经济系统的函数分别为

$$f(x) = 0.444F_1 + 0.408F_2 + 0.148F_3 \tag{6-14}$$

$$g(y) = 0.608F_4 + 0.392F_5 \tag{6-15}$$

2012 年人力资本和经济系统的函数分别为

$$f(x) = 0.433F_1 + 0.408F_2 + 0.159F_3 \tag{6-16}$$

$$g(y) = 0.616F_4 + 0.384F_5 \tag{6-17}$$

2013 年人力资本和经济系统的函数分别为

$$f(x) = 0.447F_1 + 0.433F_2 + 0.120F_3 \tag{6-18}$$

$$g(y) = 0.616F_4 + 0.384F_5 \tag{6-19}$$

2014 年人力资本和经济系统的函数分别为

$$f(x) = 0.447F_1 + 0.437F_2 + 0.116F_3 \tag{6-20}$$

$$g(y) = 0.626F_4 + 0.374F_5 \tag{6-21}$$

2015 年人力资本和经济系统的函数分别为

$$f(x) = 0.448F_1 + 0.446F_2 + 0.106F_3 \tag{6-22}$$

$$g(x) = 0.615F_4 + 0.385F_5 \tag{6-23}$$

2016 年人力资本和经济系统的函数分别为

$$f(x) = 0.457F_1 + 0.435F_2 + 0.107F_3 \tag{6-24}$$

$$g(x) = 0.616F_4 + 0.384F_5 \tag{6-25}$$

2017 年人力资本和经济系统的函数分别为

$$f(x) = 0.458F_1 + 0.436F_2 + 0.106F_3 \qquad (6\text{-}26)$$

$$g(x) = 0.615F_4 + 0.385F_5 \qquad (6\text{-}27)$$

式中，F_1、F_2、F_3、F_4、F_5 分别为人力资本和经济系统的主成分得分。按以上公式，分别得到 2008—2017 年的人力资本和经济综合评价指数，如表 6-30 与表 6-31 所示。

表 6-30　2008—2017 年各省、区、市人力资本综合指数

地区	2008 年	2009 年	2010 年	2011 年	2012 年	2013 年	2014 年	2015 年	2016 年	2017 年	(2008—2017 年)均值
北　京	0.715	0.697	0.708	0.600	0.586	0.619	0.638	0.658	0.651	0.587	0.646
天　津	0.342	0.321	0.334	0.276	0.303	0.337	0.315	0.317	0.273	0.280	0.310
河　北	0.190	0.203	0.211	0.174	0.199	0.208	0.208	0.223	0.229	0.157	0.200
山　西	0.186	0.194	0.195	0.153	0.193	0.214	0.235	0.259	0.248	0.157	0.203
内蒙古	0.145	0.172	0.172	0.134	0.176	0.179	0.213	0.260	0.258	0.128	0.184
辽　宁	0.271	0.277	0.278	0.227	0.266	0.270	0.290	0.340	0.352	0.171	0.274
吉　林	0.170	0.187	0.182	0.138	0.175	0.187	0.221	0.259	0.259	0.138	0.192
黑龙江	0.190	0.199	0.204	0.158	0.193	0.210	0.231	0.274	0.261	0.117	0.204
上　海	0.567	0.579	0.561	0.434	0.403	0.439	0.411	0.439	0.425	0.382	0.464
江　苏	0.481	0.537	0.539	0.502	0.581	0.606	0.629	0.674	0.655	0.519	0.572
浙　江	0.458	0.455	0.434	0.378	0.435	0.457	0.497	0.557	0.544	0.429	0.464
安　徽	0.109	0.126	0.156	0.162	0.190	0.209	0.223	0.237	0.227	0.221	0.186
福　建	0.192	0.203	0.215	0.184	0.222	0.246	0.260	0.267	0.241	0.201	0.223
江　西	0.124	0.124	0.125	0.102	0.103	0.120	0.115	0.122	0.124	0.107	0.117
山　东	0.377	0.376	0.383	0.340	0.383	0.394	0.430	0.480	0.476	0.339	0.398
河　南	0.169	0.188	0.191	0.178	0.196	0.211	0.236	0.276	0.290	0.180	0.212
湖　北	0.188	0.199	0.207	0.189	0.240	0.262	0.323	0.388	0.395	0.261	0.265
湖　南	0.193	0.211	0.206	0.172	0.204	0.201	0.223	0.288	0.312	0.155	0.216
广　东	0.506	0.505	0.508	0.444	0.456	0.499	0.518	0.573	0.591	0.590	0.519
广　西	0.093	0.093	0.104	0.095	0.108	0.104	0.115	0.121	0.134	0.088	0.105
海　南	0.075	0.080	0.085	0.069	0.098	0.102	0.117	0.130	0.120	0.089	0.097
重　庆	0.106	0.106	0.118	0.108	0.138	0.154	0.187	0.256	0.279	0.127	0.158

续表

地区	2008年	2009年	2010年	2011年	2012年	2013年	2014年	2015年	2016年	2017年	(2008—2017年)均值
四　川	0.182	0.192	0.190	0.169	0.204	0.218	0.266	0.339	0.363	0.185	0.231
贵　州	0.059	0.051	0.048	0.048	0.052	0.061	0.083	0.148	0.195	0.090	0.084
云　南	0.122	0.122	0.126	0.107	0.106	0.122	0.110	0.141	0.165	0.088	0.121
陕　西	0.170	0.184	0.191	0.168	0.214	0.230	0.274	0.330	0.346	0.209	0.232
甘　肃	0.100	0.097	0.099	0.086	0.110	0.129	0.147	0.182	0.182	0.100	0.123
青　海	0.115	0.109	0.103	0.075	0.111	0.121	0.138	0.198	0.188	0.060	0.122
宁　夏	0.101	0.101	0.102	0.082	0.102	0.099	0.125	0.159	0.176	0.102	0.115
新　疆	0.186	0.191	0.199	0.150	0.200	0.203	0.248	0.308	0.308	0.108	0.210
均　值	0.229	0.236	0.239	0.203	0.232	0.247	0.268	0.307	0.309	0.212	

资料来源：根据历年《中国统计年鉴》和《中国劳动统计年鉴》计算整理而得。

表6-31　2008—2017年各省、区、市经济综合评价指数

地区	2008年	2009年	2010年	2011年	2012年	2013年	2014年	2015年	2016年	2017年	(2008—2017年)均值
北　京	0.579	0.582	0.580	0.581	0.585	0.616	0.609	0.609	0.634	0.632	0.601
天　津	0.350	0.367	0.386	0.391	0.396	0.380	0.378	0.385	0.391	0.375	0.380
河　北	0.190	0.203	0.205	0.203	0.201	0.183	0.169	0.158	0.155	0.154	0.182
山　西	0.123	0.118	0.126	0.124	0.127	0.117	0.105	0.115	0.106	0.092	0.115
内蒙古	0.197	0.215	0.220	0.232	0.236	0.232	0.237	0.212	0.204	0.182	0.217
辽　宁	0.260	0.272	0.285	0.295	0.311	0.317	0.301	0.273	0.198	0.187	0.270
吉　林	0.139	0.147	0.144	0.142	0.146	0.129	0.114	0.107	0.099	0.092	0.126
黑龙江	0.114	0.121	0.129	0.131	0.131	0.128	0.122	0.117	0.111	0.107	0.121
上　海	0.629	0.635	0.631	0.621	0.612	0.611	0.617	0.627	0.638	0.630	0.625
江　苏	0.492	0.513	0.536	0.555	0.565	0.568	0.582	0.592	0.593	0.602	0.560
浙　江	0.453	0.464	0.473	0.480	0.484	0.476	0.471	0.475	0.473	0.475	0.472
安　徽	0.126	0.132	0.141	0.145	0.147	0.134	0.131	0.131	0.135	0.140	0.136
福　建	0.261	0.273	0.282	0.289	0.295	0.270	0.271	0.277	0.280	0.290	0.279
江　西	0.101	0.105	0.116	0.116	0.115	0.106	0.100	0.107	0.115	0.114	0.109

地　区	2008 年	2009 年	2010 年	2011 年	2012 年	2013 年	2014 年	2015 年	2016 年	2017 年	(2008—2017 年)均值
山　东	0.385	0.398	0.403	0.412	0.422	0.413	0.413	0.407	0.415	0.407	0.407
河　南	0.178	0.186	0.188	0.187	0.193	0.188	0.187	0.191	0.191	0.196	0.188
湖　北	0.158	0.167	0.177	0.186	0.192	0.193	0.197	0.202	0.204	0.209	0.188
湖　南	0.158	0.170	0.173	0.177	0.182	0.183	0.183	0.188	0.189	0.196	0.180
广　东	0.582	0.596	0.594	0.592	0.598	0.578	0.567	0.571	0.569	0.571	0.582
广　西	0.110	0.119	0.123	0.118	0.121	0.109	0.103	0.100	0.098	0.100	0.110
海　南	0.075	0.080	0.092	0.098	0.101	0.095	0.093	0.102	0.102	0.108	0.095
重　庆	0.136	0.144	0.148	0.159	0.174	0.171	0.175	0.176	0.180	0.181	0.165
四　川	0.141	0.161	0.163	0.166	0.174	0.165	0.163	0.162	0.168	0.180	0.164
贵　州	0.060	0.063	0.065	0.072	0.072	0.062	0.059	0.063	0.066	0.073	0.066
云　南	0.090	0.093	0.095	0.100	0.103	0.094	0.087	0.086	0.088	0.093	0.093
陕　西	0.120	0.130	0.137	0.142	0.151	0.144	0.143	0.137	0.136	0.142	0.138
甘　肃	0.043	0.044	0.043	0.046	0.046	0.046	0.043	0.045	0.048	0.042	0.045
青　海	0.047	0.049	0.049	0.044	0.042	0.046	0.044	0.052	0.054	0.056	0.048
宁　夏	0.083	0.088	0.094	0.097	0.095	0.083	0.079	0.078	0.077	0.080	0.085
新　疆	0.071	0.067	0.070	0.076	0.086	0.091	0.088	0.091	0.083	0.086	0.081
均　值	0.215	0.223	0.229	0.233	0.237	0.231	0.228	0.228	0.227	0.226	

资料来源：根据历年《中国统计年鉴》和《中国劳动统计年鉴》计算整理而得。

6.2.3　我国人力资本和经济系统指数分析结果

从表 6-30 的人力资本指数全国历年均值可知，我国人力资本指数呈现波动上升态势后下降，从 2008 年的 0.229 波动上升到 2016 年的 0.309，2017 年下降到 0.212。从表 6-31 的经济指数历年均值可知，我国经济指数呈现先上升后下降的倒 U 形走势，从 2008 年的 0.215 上升到 2012 年的最高值 0.237，再下降到 2017 年的 0.226。综上所述，我国人力资本指数无论是发展趋势还是发展速度都超过经济指数。可能的解释是，在 2008 年以后，为防止经济快速下滑和应对金融危机，中央出台了扩大国内需求的"4 万亿"计划,该计划在短期内促进了经济发展,提高了经济增长率,同时加大了在教育、卫生健康和科研方面的人力资本投入,增加了人力资本存量,提高了人力资本水平。

参考国家统计局的划分标准,将 30 个省、区、市划分为东部、中部和西部①。三大区域的人力资本指数和经济指数如表 6-32 所示。

表 6-32　2008—2017 年我国三大区域的人力资本指数和经济指数

分类	地区	2008 年	2009 年	2010 年	2011 年	2012 年	2013 年	2014 年	2015 年	2016 年	2017 年	十年均值
人力资本	东部	0.380	0.385	0.387	0.330	0.358	0.380	0.392	0.423	0.414	0.340	0.379
	中部	0.166	0.178	0.183	0.157	0.187	0.202	0.226	0.263	0.264	0.167	0.199
	西部	0.125	0.129	0.132	0.111	0.138	0.147	0.173	0.222	0.236	0.117	0.153
经济	东部	0.387	0.398	0.406	0.411	0.415	0.410	0.406	0.407	0.404	0.403	0.405
	中部	0.137	0.143	0.149	0.151	0.154	0.147	0.142	0.145	0.144	0.143	0.146
	西部	0.100	0.107	0.110	0.114	0.118	0.113	0.111	0.109	0.109	0.110	0.110

资料来源:根据各地区人力资本指数和经济指数计算整理而得。

从表 6-32 可知,我国人力资本指数和经济指数地区差异显著,呈现从东向西逐级递减趋势。东部地区的人力资本发展程度是中部地区的 2 倍,是西部地区的 2.48 倍。经济的区域差异更加明显,东部地区的经济发展程度是中部地区的 2.77 倍,是西部地区的 3.68 倍。在人力资本方面,西部地区落后中部地区 6 年。

从表 6-30 可知,我国人力资本指数最高的前五个地区依次是北京(0.646)、江苏(0.572)、广东(0.519)、上海(0.464)和浙江(0.464),人力资本指数最低的省份依次是贵州(0.084)、海南(0.097)、广西(0.105)、宁夏(0.115)和江西(0.117)。从表 6-31 可知,我国经济指数最高的前五个省依次是上海(0.625)、北京(0.601)、广东(0.582)、江苏(0.560)和浙江(0.472),经济指数最低的五个省份依次是甘肃(0.045)、青海(0.048)、贵州(0.066)、新疆(0.087)和宁夏(0.085)。可见,人力资本发展和经济发展具有很大的重合性,经济发达地区人力资本丰富,表现为经济指数

---

① 　东部(北京、天津、河北、辽宁、上海、江苏、浙江、福建、山东、广东、海南)、中部(山西、吉林、黑龙江、安徽、江西、河南、湖北、湖南)和西部(内蒙古、广西、重庆、四川、贵州、云南、陕西、甘肃、青海、宁夏、新疆)。来源:《2016 年全国房地产开发投资和销售情况》.http://www.stats.gov.cn/tjsj/zxfb/201701/t20170120_1455967.html.

和人力资本指数双高,而经济不发达地区人力资本较为匮乏,表现为经济指数和人力资本指数均较低。综上,我国的 30 个省、区、市及三大区域间的人力资本和经济发展具有明显的空间差异。

6.3　我国人力资本和经济增长耦合分析

本节采用直接计算得出的 2008—2017 年我国 30 个地区人力资本指数和经济指数,通过式(6-5)～式(6-7)计算得出 2008—2017 年间我国 30 个地区人力资本系统和经济系统耦合度并分析其动态变化。

6.3.1　我国三大区域耦合度分析结果

表 6-33 是 2008—2017 年我国 30 个省、区、市人力资本—经济系统耦合度。从全国均值看,我国人力资本系统和经济系统耦合度,从 2008 年的 0.440 提高到 2015 年的 0.478,之后下降到 2017 年的 0.437,两系统耦合程度在 2008—2017 年呈现平稳微升的态势,但增长缓慢,耦合程度较低。

表 6-33　2008—2017 年我国 30 个省、区、市人力资本—经济系统耦合度

地　　区	2008 年	2009 年	2010 年	2011 年	2012 年	2013 年	2014 年	2015 年	2016 年	2017 年	十年均值
北　　京	0.800	0.797	0.798	0.768	0.765	0.786	0.790	0.795	0.802	0.780	0.788
天　　津	0.588	0.585	0.598	0.569	0.586	0.597	0.586	0.590	0.567	0.566	0.583
河　　北	0.436	0.450	0.456	0.433	0.447	0.441	0.432	0.430	0.430	0.395	0.435
山　　西	0.385	0.383	0.391	0.371	0.391	0.389	0.381	0.400	0.385	0.341	0.382
内蒙古	0.409	0.437	0.439	0.412	0.449	0.449	0.474	0.483	0.477	0.388	0.442
辽　　宁	0.515	0.524	0.531	0.506	0.535	0.540	0.543	0.550	0.503	0.422	0.517
吉　　林	0.391	0.406	0.401	0.374	0.399	0.390	0.387	0.389	0.378	0.333	0.385
黑龙江	0.378	0.388	0.398	0.378	0.395	0.399	0.400	0.405	0.395	0.335	0.387

续表

地　区	2008 年	2009 年	2010 年	2011 年	2012 年	2013 年	2014 年	2015 年	2016 年	2017 年	十年均值
上　海	0.772	0.778	0.771	0.715	0.697	0.715	0.702	0.719	0.714	0.690	0.727
江　苏	0.697	0.724	0.733	0.726	0.757	0.766	0.777	0.794	0.789	0.747	0.751
浙　江	0.675	0.678	0.673	0.650	0.677	0.683	0.695	0.716	0.711	0.672	0.683
安　徽	0.342	0.360	0.385	0.391	0.407	0.404	0.406	0.410	0.411	0.414	0.393
福　建	0.471	0.482	0.494	0.474	0.503	0.508	0.515	0.522	0.509	0.487	0.497
江　西	0.333	0.337	0.347	0.330	0.330	0.336	0.328	0.338	0.345	0.332	0.336
山　东	0.617	0.622	0.627	0.610	0.634	0.635	0.649	0.664	0.666	0.608	0.633
河　南	0.417	0.432	0.435	0.427	0.441	0.446	0.457	0.475	0.480	0.433	0.444
湖　北	0.414	0.426	0.437	0.433	0.461	0.471	0.495	0.515	0.519	0.482	0.465
湖　南	0.417	0.434	0.434	0.417	0.438	0.438	0.449	0.477	0.485	0.417	0.440
广　东	0.736	0.739	0.740	0.712	0.719	0.732	0.736	0.756	0.761	0.762	0.739
广　西	0.318	0.324	0.335	0.324	0.338	0.326	0.329	0.331	0.336	0.306	0.327
海　南	0.275	0.283	0.297	0.284	0.316	0.314	0.321	0.338	0.332	0.313	0.307
重　庆	0.345	0.350	0.362	0.359	0.392	0.403	0.425	0.457	0.468	0.387	0.395
四　川	0.398	0.419	0.419	0.409	0.433	0.433	0.450	0.468	0.479	0.427	0.434
贵　州	0.244	0.237	0.235	0.241	0.246	0.248	0.263	0.297	0.315	0.283	0.261
云　南	0.322	0.324	0.329	0.322	0.323	0.326	0.312	0.327	0.339	0.300	0.322
陕　西	0.375	0.390	0.400	0.392	0.420	0.421	0.434	0.441	0.442	0.411	0.413
甘　肃	0.246	0.245	0.245	0.245	0.255	0.261	0.258	0.269	0.275	0.244	0.254
青　海	0.259	0.261	0.258	0.235	0.248	0.258	0.258	0.287	0.289	0.240	0.259
宁　夏	0.301	0.307	0.313	0.298	0.313	0.300	0.310	0.323	0.327	0.300	0.309
新　疆	0.320	0.316	0.322	0.318	0.346	0.355	0.361	0.375	0.361	0.310	0.338
均　值	0.440	0.448	0.453	0.437	0.455	0.459	0.464	0.478	0.476	0.437	

资料来源：根据式(6-5)～式(6-7)计算整理而得。

表 6-34 是 2008—2017 年我国三大区域人力资本和经济系统耦合度。从 2008—2017 年间耦合度发展均值来看，按照表 6-1 的判定标准，东部地区处于初级

协调发展阶段,为正向耦合;中部地区处于濒临失调衰退阶段;西部地区处于轻度失调衰退阶段,均为负向耦合。其中,中部地区在 2008—2016 年实现了耦合度从轻度失调衰退阶段向濒临失调衰退阶段的跃迁,但在 2017 年重新回到轻度失调衰退阶段。而东部地区和西部地区在 7 年间耦合度依旧处于原阶段,没有实现耦合度的阶段跨越。从耦合度增长来看,东部地区两系统耦合度从 2008 年的 0.598 微升到 2015 年的最高值 0.625,之后下降到 2017 年的 0.586,呈现先升后降趋势;中部地区耦合度从 2008 年的 0.385 上升到 2015 年的最高值 0.426,之后下降到 2017 年的 0.386;西部地区耦合度从 2008 年的 0.322 上升到 2016 年的最高值 0.374,在 2017 年又下降到 0.327,我国东部、中部和西部地区的人力资本和经济系统耦合都经历了先上升后下降的发展趋势,在 2015 年或 2016 年达到峰值,在 2017 年快速下降。

表 6-34   2008—2017 年我国三大区域人力资本和经济系统耦合度

地区	2008 年	2009 年	2010 年	2011 年	2012 年	2013 年	2014 年	2015 年	2016 年	2017 年	十年均值
东部	0.598	0.606	0.611	0.586	0.603	0.611	0.613	0.625	0.617	0.586	0.606
中部	0.385	0.396	0.403	0.390	0.408	0.409	0.413	0.426	0.425	0.386	0.404
西部	0.322	0.328	0.332	0.323	0.342	0.344	0.352	0.369	0.374	0.327	0.341

资料来源:根据式(6-5)~式(6-7)计算整理而得。

图 6-1 是 2008—2017 年我国 30 个省份人力资本指数、经济指数和耦合度均值,图中左侧为东部地区省份;中间为中部地区省份;右侧为西部地区省份。从图

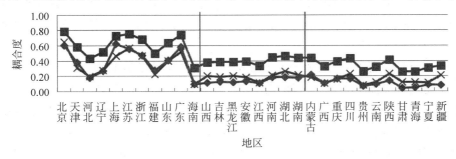

图 6-1   2008—2017 年我国 30 个省份人力资本指数、经济指数及其耦合度均值

资料来源:根据式(6-5)-式(6-7)计算整理而得。

中可知,人力资本发展水平、经济发展水平和两系统耦合度三条曲线的变动趋势趋于一致,即人力资本丰富、经济发达的地区两系统的耦合度也相对较高,反之则耦合度较低。另外,在东部地区,经济曲线大多位于人力资本曲线之上,而绝大部分中部和西部省份的人力资本曲线在经济曲线之上,说明在中部和西部省份,经济发展与人力资本发展存在偏离,两者增长并未协调一致。

6.3.2 我国 30 个省、区、市耦合度分析结果

从 2008—2017 年耦合度平均值来看,人力资本和经济系统耦合度最高的前五位依次是北京(0.788)、江苏(0.751)、广东(0.739)、上海(0.727)和浙江(0.683),全部为东部地区。耦合度最低的后五位依次是甘肃(0.254)、青海(0.259)、贵州(0.261)、海南(0.307)和宁夏(0.309),除海南外全部为西部地区。

按照表 6-1 的判定标准,在 2008—2017 年处于中级协调发展阶段的省份有北京(0.788)、江苏(0.751)、广东(0.739)和上海(0.727);处于初级协调发展的省份有浙江(0.683)和山东(0.633);处于勉强协调发展阶段的省份有天津(0.583)和辽宁(0.517),以上 8 个地区均处于正向耦合状态。

处于濒临失调衰退阶段的省份有福建(0.497)、湖北(0.465)、河南(0.444)、内蒙古(0.442)、湖南(0.440)、河北(0.435)、四川(0.434)和陕西(0.413),共 8 个省份;处于轻度失调衰退阶段的省份有重庆(0.395)、安徽(0.393)、黑龙江(0.387)、吉林(0.385)、山西(0.382)、新疆(0.338)、江西(0.336)、广西(0.327)、云南(0.322)、宁夏(0.309)和海南(0.307)共 11 个地区;处于中度失调衰退阶段的省份有贵州(0.261)、青海(0.259)和甘肃(0.254)共 3 个地区,以上 22 个地区均处于负向耦合状态。

综上,我国超过 2/3 的地区人力资本和经济系统处于负向耦合状态,处于正向耦合状态的地区不超过 1/3。耦合度由东至西呈逐渐递减态势。在东部地区,除河北、福建和海南外,皆处于正向耦合状态。中部地区和西部地区无一省份为正向耦合,全部为负向耦合,特别是贵州、青海和宁夏三个西部省份处于中度失调衰退阶段,而处于中级协调发展阶段的省份耦合度是这三个省份的 3 倍以上。

第7章
促进我国经济增长的人力资本对策

改革开放后,我国的经济发展取得了举世瞩目的成绩,按 1978 年不变价格计算,2017 年的真实 GDP 是 1978 年 GDP 的 34.52 倍。这些数据表明,2017 年我国物质资本存量高达 418 517.83 亿元(按 1978 年不变价格计算),同年的人力资本存量为 130 910.42 亿元,物质资本存量是人力资本存量的 3.20 倍。另外物质资本投资产出比在 2017 年高达 3.30,同时投资回报率逐年递减,而同年的人力资本产出比为 1.03,人力资本的投资产出比是物质资本的 3 倍以上,我国以物质资本投资拉动的粗放式经济增长模式不可持续。特别是近年来,我国经济已从保证经济总量增长到"调结构、稳增长"的新发展阶段,笔者认为我国应增加人力资本投资,调整人力资本结构,将人力资本作为推动我国经济发展模式转变新的增长点。对此,笔者提出如下促进我国经济增长的人力资本对策。

7.1 提高教育类人力资本存量的建议

教育是我国人力资本积累最重要的途径之一,从前面的分析可以看出,教育类人力资本存量占总体的比例达到 1/3 以上,教育作为人力资本发展的基础,有力推动着社会的进步和经济的增长。

7.1.1 建立健全立体多层次和可衔接的教育体系

教育是一个大体系,初级和中等义务教育、高等教育、职业教育以及其他类型的教育共同组成了一个完整的体系工程。截至 2018 年,全国的小学学龄儿童净入学率达到 99.95%,初中阶段毛入学率达到 100.9%,九年义务教育的巩固率达到 94.20%,高中阶段毛入学率达到 88.80%,高等教育毛入学率达到 48.10%。在历经多年不懈的教育投入和教育改革后,我国的教育普及程度已基本达到中等发达国家相应的水平。但是与教育的高度普及相反,我国不同层次的教育目标、教育内容和教育方法存在割裂,缺乏内在的逻辑衔接,一定程度上造成了教育体系被碎片化,使得我国目前的教育体系仍然无法全面系统地贯彻素质教育,从而培养出足够多的创新型人才。

对此,我国应通过调整教育结构,建立起一个立体多层次、交互可衔接的教育体系,在人们心中改变职业教育的"污名化",大力发展与我国经济、社会需要相协调的职业教育,加强职业教育、中等教育与高等教育之间的有效沟通、链接,调整不同阶段的教育培养目标,构建起终身学习的完整体系,来满足不同的群体、不同年龄段的教育需求,才能更好地营造出创新型人才培养环境,从而提高我国人才培养水平和质量。

7.1.2 深化基础教育改革且均衡基础教育区域发展

我们知道,教育体系的基石在于基础教育,扎实的基础教育是我国人力资本提升的根基。现阶段我国正在进行的基础教育改革,重心放在学生核心素质的培养上。深化基础教育核心素养的建设关键在于重构教师队伍素质建设;重塑教育理念和教育目标的课程与教学内容改革;紧密联系学校和家庭,使之形成"家校合作"的良好学校文化这三个方面。

我国中央财政在基础教育经费分配中比重较低,基础教育投资主要依赖地区财政,而地区财政收入依赖于地区经济发展。故而造成我国的基础教育投入在不同地区之间、同一地区城乡之间差距明显,优质的基础教育资源仅仅聚集在城市内少数中小学当中,从而造成"择校热""天价学区房"等现象屡见不鲜。可见,解决基础教育资源分配不均的关键在于建立以省、市、县财政为基础,中央财政最低保障做"兜底"的教育资源投入平衡机制。提高农村基础教育生均投入标准,加强中央财政对中西部地区及老少边穷基础教育薄弱地区的教育扶持力度,建立均衡配置教育资源的教育经费投入机制和保障机制。

7.1.3　调整高等教育结构并大力发展职业教育

截至 2018 年,我国的普通本、专科在校生达到了 2 831.03 万人,毛入学率更是高达 48.10%,这个数据已经超过当今全球中高水平发达国家的平均值。如此高的高等教育覆盖率一方面表明我国政府对高等教育的重视和对需求人才的迫切;另一方面也带来了大学生"就业难""读书无用论"等问题,一定程度上反映出我国目前的高校人才培养类型、模式和社会实际需求之间还存在脱节。高校应调整教育结构,建立以培养应用型、复合型本科和高职学生为主,研究型、学术型本科生和研究生为辅的教育教学培养方案,着力改变高校惯有的重知识而轻能力、重理论而轻实践的培养现状。

在教学方法上要激励学生发挥主观能动性,在学科建设上要以社会需求为导向,适时修订人才培养方案和评估标准。侧重对学生的独立学习能力、动手实践能力和创新创业潜能的培养。同时,紧密结合社会需求,大力发展成人教育和职业教育,加强必要的投入保障,优化成人教育和职业教育的办学模式与理念。高职学院应重视与企业合作,将市场需求与职业技能学习联系起来,提高学生技能培训强度,构建起职业教育融汇就业培训、学成毕业即合格上岗的职业教育体系,培养出更多社会生产、行业发展急需的专业型、技能型合格人才。

7.1.4　推动高校"产学研"一体化发展

现今中国的专利受理量和授权量世界第一,论文发表量世界第一,博士学位授予量世界第一,但我国科技成果转化率依旧很低,许多学者不具备企业家思维,导致学术创新和产业创新长期存在脱节。因此,推进高校、科研院所与生产企业的相互沟通、合作,甚至人员轮岗定期交流,构建起"产学研一体化"的创新模式进行推广势在必行。现今我国产学研模式愈加多样、规模不断扩大、内容不断丰富,但其中也存在很多问题。

主要问题在于高校和科研院所的学术资源与科技资源利用效率低下,科技研发和市场需要脱节、科研项目和科研工作者评估以论文成果为导向,科研人员激励不足等问题。针对上述一些问题,笔者认为目前的产学研合作发展途径有以下几种模式值得实践:一是以政府政策为导向,利用政府政策扶持,积极参与区域创新;二是充分重视企业需求,将企业的资源优势和高校的科研优势充分结合起来,填平企业技术需求和高校科研成果间的鸿沟;三是就近、就强,组建产学研区域联盟,把区域内的企业、高校和科研院所的物质、资金、科研、人才和创新资源聚集起来,形成合力生产、创造,实现人才使用最优化、资源利用最大化、生产效率最高化的发展。

7.1.5　鼓励高校和企业引进海外高层次人才

在奋力迈向人力资本强国和建设创新型国家的发展过程中,海外高层次人才所发挥的积极作用是不可小觑的。早在 20 世纪 90 年代,中科院就出台过"知识创新工程"等一系列海外高层次人才计划,现今从中央到地方出台各种各样的吸引海外人才的措施和政策。为最大限度吸引海外高层次人才,充分发挥他们的能力和作用,我国中央、地方政府以及引进人才的高校和企业应建立与国际接轨的、充分体现人才价值的人才聘用制度。

一是要保持国际视野,最大范围地拓宽海外高层次人才的引进渠道。高校、科研院所和企业应当主动出击,搭建良好的国内发展资源平台,到北美、欧洲、日韩等一些高层次人才"富集地"广泛宣传,也可通过师承、同事、合作伙伴等关系与海外高层次人才建立友好的沟通渠道,吸引人才来华就业或创业;二是要出台完善的人才引进保障计划,为海外高层次人才提供超过他们原本职位的货币报酬,出台配套政策,解决他们归国困难,解决配偶、子女、医保社保等后顾之忧;三是要完善人才引进后的管理工作,采用聘任制、长期、短期和临时等多种方式相结合的灵活用人制度,建立严格的奖惩考核机制,重视对海外人才的再培训工作。

7.1.6　鼓励教育投资主体多元化

教育具有双重属性:一是公共产品属性;二是私人产品属性。一方面,教育对整个社会环境和其他社会成员具有正外部性,高水平的教育程度意味着较低的社会犯罪率、较小的结构性失业可能以及较少的社会福利依赖;另一方面,一般情况下,受教育程度较高的社会成员较容易获得更高的社会地位、社会保障和收入,同时,他们更容易享受到技术进步带来的利益。教育这种混合性产品的属性要求其投资主体多元化,多元化的投资主体可增加教育投资渠道,增加教育投入力度。

我国必须发挥政府在本国教育投资中的主体作用,因此,要进一步增加教育投入,保持我国教育经费占 GDP 的比重超过 4%;进一步鼓励我国教育投资主体的多元化方向;还要转变我国政府的职能,尤其要发挥好对我国民办教育的宏观调控作用,更要加强对我国民办教育的办学资质、办学条件和相应财务状况的审查工作,要优化民间资本教育投资环境,适当为民办教育提供补贴和税收优惠;最重要的是,还要完善我国民办教育的相关法律和法规等,要严格执法并建立完善的我国民办教育的法人治理结构工作,让教育所有权和教育管理权相分离,这样才能缓解民办教育的营利性和公益性冲突。

7.2 提高卫生健康类人力资本存量的建议

和教育人力资本一样,卫生健康类人力资本积累是我国人力资本积累的又一重要渠道。卫生健康类人力资本非常重要,对于国家而言,健康的国民身体素质和良好的医疗服务体系是国家经济可持续发展的后盾;对于个人而言,健康也是保障家庭和个人从事有效的社会劳动的前提基础。

7.2.1 完善医疗卫生服务体系

本书研究结果显示,2017 年我国的卫生健康类人力资本量占总人力资本量的39.16%,将近 2/5,可见提高卫生类人力资本存量是增强我国国民身体素质、增加总人力资本存量的重要途径。而提高卫生类人力资本存量的根本,在于要建立健全我国的城乡基本医疗卫生服务体系,要全面提升国民医疗、健康水平。另外,我们可以看到我国现有的医疗卫生资源人均占有率还比较低,相较发达国家依然有着很大的差距。2013 年,世界人均卫生医疗费用支出为 1 041.93 美元,我国约为

210 美元,只有世界平均水平的 1/5。2013 年,我国卫生费用占国内生产总值比例仅为 5.57％,而同期世界的平均水平为 9.84％。

2015 年我国政府颁发的《全国医疗卫生服务体系规划纲要(2015—2020 年)》文件显示,我国医疗卫生体系依旧存在资源总量不足,结构和布局不尽合理,医疗服务体系呈碎片化分布等问题。同时《全国医疗卫生服务体系规划纲要(2015—2020 年)》也提出了改进意见和措施,包括优化医疗资源配置、继续深化医疗卫生体制改革等。目标到 2020 年,基本建成覆盖城乡居民的基本医疗卫生服务体系,夯实医疗卫生资源基础,实现医药分开,医疗、医保和医药联动新机制,来破除"以药养医"的现象。健全全民医疗保障体系,确保城乡医保参保率稳定在 95％以上,推进医保异地就医结算,鼓励商业保险机构参与医保经办。加强重大疾病防治和基本公共卫生服务工作,加强妇幼卫生保健及生育服务工作,等等。

7.2.2　进一步缩小城乡医疗差距

目前,我国城乡医疗水平差距依旧较大,2017 年数据显示,城市每千口人的医疗卫生机构床位是 8.75 张,而农村每千口人的医疗卫生机构床位仅 4.19 张,每千口人的医疗卫生机构床位城镇和农村比例为 2.09∶1。城市每千口人卫生技术人员是 10.87 人,农村每千口人卫生技术人员仅 4.28 人,每千口人卫生技术人员城镇和农村比例为 2.54∶1,可见无论是医疗基础设施还是重要的医疗卫生人员,城镇和农村医疗水平差距很大。现今农村日益"空巢化",留在农村的多是老人和儿童,农村医疗卫生基础设施和医疗技术薄弱,不利于我国农村人力资本的积累和维系。故应进一步加快基层医疗卫生体系建设,向基层增加政策倾斜,完善各地县、乡、村三级医疗机构建设;引导和鼓励医疗卫生技术人才到基层交流与服务,促进医疗人才队伍向基层流动;帮助农村地区医疗卫生机构中全科医生的引进和培养。

7.2.3　推广全民健身运动

近年来,虽然我国的体育事业取得了长足的发展,各项体育竞技赛事和竞技成绩在全世界范围取得了令人瞩目的成就,但我国国民身体素质却普遍在不断下降,特别是糖尿病、高血压、高血脂等老年病出现年轻化趋势,而在中小学生中体重超重、肥胖屡见不鲜,这和生活方式、运动方式息息相关。另外,现今城市老年人口健身需求与健身场地不足的矛盾越发激烈,应尽早解决这一问题,适当开放非教学时间中小学操场和器材。

根据 2016 年国务院提出的《全民健身计划(2016—2020 年)》,明确要求各地政府做到以下几点:①建立政府主导、全社会共同参与的全民健身工作机制,做好宏观管理、资源统筹、监督评估等工作;②建立全民健身运动的多元化资金筹措机制,落实财税优惠政策;③搭建全民健身激励平台,充分调动基层单位和个人的积极性,发挥典型带动作用;④强化全民健身科技创新,应用国民体质健康监测大数据,有针对性地推广普及健身,提高全民健身服务效率和场馆设施利用率;⑤建立全民健身的规范和标准,对全民健身发展水平联合多方力量进行立体评估;⑥加强人才队伍健身,增加对基层工作人员的培养和扶持力度;⑦完善全民健身保障的法律法规,进一步完善《中华人民共和国体育法》中的关于全民健身的内容。

7.3　其他提高人力资本存量的建议

近年来,除了教育类和卫生类人力资本,科研类和迁移类人力资本也增长迅猛,占总人力资本存量比例不断提高,加强科研类投资和促进我国劳动力的有效配置已经成为我国人力资本存量增加的新热点。

7.3.1　建立国民人力资本核算制度

在经济研究中,人力资本是非常重要的生产要素,但相对于有形的物质资本,无形的人力资本更加难以测算。在第 2 章,笔者列出多种人力资本核算方法,不同方法计算出的人力资本存量或水平大相径庭,造成人力资本对国民经济影响的研究的困难,可见,建立起国民人力资本核算制度,可以有效调节人力资本存量,调动人力资本的主观能动性,对经济发展研究具有重要价值。

美国经济学家乔根森和弗梅尼,用未来收入法全面测算了当时美国的人力资本存量,这是严格意义上的人力资本核算的开始。由于我国缺乏核算基础和历史数据资料,运用该方法计算得出的人力资本存量不具有一致性和可比性。所以,直接成本计算法更加适合我国实际情况,可以用计算人力资本的货币投入来进行人力资本存量的核算。采用该方法也需要大量数据,如对投资、消费、资产等进行重新定义和区分,但相对于未来收入法,数据较容易获得。在人力资本核算中,除各级教育的生均成本外,还应包括其他人力资本,如卫生健康、在职培训、科技研发和劳动力迁移等内容。

7.3.2 推动低龄老年人力资本再开发

联合国教科文卫组织规定将 60～69 岁的人定义为低龄老年人口。民政部公布的《2018 年民政事业发展统计公报》显示,截至 2018 年底,我国 60 岁及以上的低龄老年人口达到 24 949 万人,占全国总人口 17.9%。其中 65 岁及以上人口 16 658 万人,占全国总人口 11.9%,超过 1/10。不难看出,我国人口老龄化快速发展的时期已经来临,人口红利会不断减少。老年人口增加、人口预期寿命和健康预期寿命的延长,意味着可开发利用的低龄老年人力资本存量在不断增加,政府应加快研究对低龄老年人力资本的应用问题,充分发挥高素质、有经验、懂技能的老年人的力量,缓解世界上唯一老龄人口突破 2 亿的国家人口老龄化带来的劳动力减少和人力资本存量下降问题。

笔者对我国低龄老年人力资本的再开发、再利用提出以下几方面建议:一是提高认识,努力打破传统观念束缚。树立低龄老年人再就业是时代所需、大势所趋的新理念,消除社会对老年人和老年人再就业的不理解、顾虑以及偏见。二是建章立制,全面保障老年人合法权益。以政府推动的政策法规"废、立、改"工作为契机,及时修订完善规范和保护老年人权益的法律法规,从立法层面切实加强对低龄老年人再就业权力和需求的保障。三是穿针引线,继续探索产学研结合之路。以人力缺口和市场需求为导向进行老年职业教育、职业培训,创造出更多、更好适应社会需要的"熟练工"。四是多措并举,联合建立国家立体开发体系。由政府牵头,联合相关部门、单位,建立高效率的老年人口再开发体系。建立低龄老年人口数据库、低龄老年人口再就业服务指导中心以及老年人口再就业权益保障协会等,全方位推进我国老龄事业的建设。

7.3.3　建立健全企业科技创新长效激励机制

科学技术是第一生产力。科技部出版的《中国科技人才发展报告（2018）》显示,2017 年我国科技人力资源总量达到 8 705 万人,研究与发展人员总数为 621.4 万人,折合全时工作量为 403.4 万人年,这也是我国研究与发展人员总量（全时当量）连续 5 年居世界第 1 位。

我国 R&D 人员投入强度虽然不断上升,但是与国际上部分发达国家相比,我国 R&D 人员投入强度还处于较为落后的水平。2017 年,我国万名就业人员中 R&D 人员仅为德国、韩国的 1/3 左右,日本、俄罗斯、英国的 1/2 以下;从国际获奖情况来看,我国科学家国际影响力显著提升,屠呦呦研究员获得诺贝尔医学奖,王贻芳研究员获得基础物理学突破奖,潘建伟团队的多自由度量子隐形传态研究位列 2015 年度国际物理学十大突破榜首。有越来越多的中国科学家登上国际奖的舞台,但是总量与发达国家还存在较为明显的差距。

为此,中央及地方政府应加强构建相关"大数据"信息应用平台,引导企业合理加大科技投入,建立健全企业科技创新长效激励机制。具体措施如下:一是引导企业持续加大科技研发投入,鼓励企业按照国家和地方战略发展先行投入科技研发,加强新技术应用转化、加快新产品研发生产,鼓励、帮扶企业建立高水平科技研发平台。二是健全企业科技创新长效激励机制,通过科技研发补贴、税收优惠、企业科技孵化、资产管理等政策为企业科技研发创造友好环境。尝试对拥有重大创新科研成果的研发人员采用股权奖励、项目效益分红等激励措施。三是支持中小企业科技创新,采取股权融资、债权融资建立覆盖中小企业科技研发的资金供应链。对成长期科技企业,政府采用风险补偿方式给予支持。

7.3.4　加强科技人才培养且提升科技人员水平

科技创新的第一动力是人才。根据《中国统计年鉴 2016》,2015 年我国科学研究与开发机构中研究与试验发展人员 43.60 万人,我国研究与试验发展人员绝对总量超过美国跃居世界第一位。在科技人员数量提高的同时,我国应更注重提高科技人员科研水平,政府应加强国家科技人才梯队的顶层设计,形成多层次、多类别的人才体系。科技人员水平提升和经费投入有助于提高人力资本存量。

通过国家级和省级基础研究计划,逐步形成首席专家、杰出青年、青年博士组成的科学合理、梯次完整的创新团队和人才培养链条;优化人才评价指标体系,不过分强调奖项、论文和专利数量在晋升职称、评奖评优中的绝对作用;让科技人员在创造创新中获得合理回报,强化科技成果转化激励机制建设,深入推动科技成果的使用权、处置权和收益权改革;营造相互之间应尊重、彼此应信任、合力推动科技创新的良性工作氛围;强化政府职能在做好科技人才管理、服务工作中的作用,推动科技人才管理正规化、法制化建设。

7.3.5　深化户籍制度改革且鼓励劳动力流动

劳动人口流动的最大障碍是什么?是计划经济时代产生的户籍制度。户籍制度削弱了劳动力和人才流动,限制了劳动力就业区域,导致用工单位过度消费人才,使人员学历远高于其实际所需,造成人力资本浪费,妨碍人力资本最优配置;同时也放缓了城市化进程,加剧了城乡割裂和社会分化。

各地政府应着力研究进一步深化户籍制度改革,取消限制性甚至是歧视性的地方招聘限制、就业政策,逐步建立区域开放、城乡一体化的劳动力市场。尽快建立求职招聘全国数据库,其中应包括涵盖不同行业、地域、专业的劳动力信息,实时更新发布数据库,保证劳动力信息库数据及时和准确。建立健全城乡统筹的社会保障机制,解决异地落户人员的医疗、养老、住房公积金和其他保险的异地转移,加强对失业人员和就业困难群众的分类帮扶与再就业培训,进一步优化人力资源配置,实现劳动力自由流动。

7.3.6　消除就业性别歧视且创造公平的就业环境

中华人民共和国成立以来,从旧社会的极不平等到如今的"半边天",我国妇女事业得到长足的发展与进步,其中女性就业权利也得到了较好的保护,我国宪法、妇女权益保障法、劳动法等多种法律中都明确规定了就业男女同权。实际上,多位学者的研究表明,女性人力资本的投资收益率也并不低于男性。然而,如今,我国的劳动力市场中依然一定程度上存在着就业性别歧视,尤其是在非公有制企业中更为明显。许多企业招聘时,同等条件下更愿意聘用男性,而女性若想跨过性别歧视的门槛,需要比男性更优秀,这就会造成岗位学历浪费和能力浪费,并不利于劳动效率提高,同时也损害了女性劳动权益。

我国政府应进一步完善相关法律中关于就业性别歧视的内容,包括对性别歧视的定义、判别标准和抗辩事由等,使相关法律具有可操作性,增加对违法企业的惩罚力度,明确当事人应获得的赔偿额度。另外,随着开放二孩政策,女性在家庭和生育中承担更多的责任,但她们的家庭生育和家庭劳动行为同样具有正外部性,客观上增加了我国未来的劳动力和人力资本,政府应改革生育保障制度,设立生育基金,对由于女性员工生育而造成损失的企业给予一定补贴或税收优惠,使企业不会因为员工的性别而影响企业利润和回报,从而逐渐消除就业性别歧视,从根本上创造公平就业的社会环境。

第 8 章

结　论

本书首先系统梳理了人力资本的相关概念、人力资本和经济增长理论和人力资本计量方法；分析了改革开放以来我国各项人力资本存量的动态变化；构建了人力资本和经济增长相关模型并运用 Eviews 软件进行了实证分析与检验；构建了我国人力资本评价指标体系，并用 SPSS 软件对各地区的人力资本发展水平进行定量分析，用系统聚类法对我国各地区进行了分析；进一步运用耦合度模型分析了我国各地区人力资本和经济发展的协调关联度；最后，提出了促进我国经济增长的人力资本发展对策。本书研究结论如下。

学术界对人力资本存量的计量方法并没有形成统一的认识，受限于数据的连续性、可获得性和可比性，本书采用累计成本法，在确定了人力资本的四个关键变量并矫正了劳动迁移人力资本存量的计算方法后计算并分析了 1978—2017 年我国人力资本存量，包括教育、健康、培训、科研和劳动力迁移五种人力资本存量。计算结果表明：改革开放后我国人力资本存量和人均人力资本存量呈现持续增长态势，其中人均人力资本存量增速略慢于总人力资本存量增速；人力资本投资产出比呈现先下降后上升的 U 形走势。

在各项人力资本中，教育类和卫生类人力资本存量水平最高，其次是科研类和劳动力迁移类人力资本，培训类人力资本在总人力资本存量中占比最少，这说明我国人力资本积累主要是通过正规教育提高劳动力的知识、技能和通过卫生保健减少人力资本折旧，改善就业人员身体健康，科研投入和劳动力迁移也是提高人力资本存量的有效途径,而在职培训对人力资本存量的贡献很弱,但对企业和个人的在职培训投入缺乏直接有效的数据支撑,在职培训对人力资本的贡献依旧存疑。

本书分析了改革开放后我国国内生产总值和就业人口的动态变化,发现我国国内生产总值增长历经两个阶段:第一阶段是 1978—1999 年的"线性增长方式",第二阶段是 1999—2017 年的"指数增长方式"。同时,我国就业人数呈单调增长状态,但我国就业人数的增长率总体呈下降态势,人口红利逐渐消失。本书构建了人力资本对经济增长影响的计量模型,并进行了参数估计和检验。利用模型计算出了物质资本、人力资本和简单劳动的产出弹性与对经济增长的贡献率。其中,就全时段均值而言,对经济增长贡献率最高的依次是物质资本(73.56%)、人力资本(21.83%)和简单劳动(5.74%),同时,物质资本和人力资本对经济增长的贡献率处于波动上升状态,简单劳动对经济增长的贡献率在不断下降。说明改革开放以来我国经济发展主要依赖物质资本投资拉动,同时人力资本对经济发展的影响越发重要,我国产业经济发展逐渐从劳动密集型向资本密集型和技术密集型转变。

在人力资本评价指标体系中,教育经费、初中生师比、高中生师比、每 10 万人口高等学校平均在校生数、就业人员研究生以上学历比重、每千人卫生技术人员、地方财政医疗卫生支出、每千人拥有城市执业(助理)医师数、地方财政科学技术支出占比、科研人员当量、科研经费、专利受理量、专利授权量和技术市场成交额对人力资本发展作用突出。可见,教育、卫生和科研投入依旧是我国人力资本投资的重要渠道,这和第 3 章中运用累计成本法计算的各类别人力资本对总人力资本贡献的分析结果相一致。

从地区发展差异来看,东部地区的人力资本和经济发展水平要远高于中部地区与西部地区,同时人力资本和经济两系统的耦合发展度也是如此,东部地区处于初级协调发展阶段,为正向耦合。中部地区处于濒临失调衰退阶段,西部地区处于轻度失调衰退阶段,均为负向耦合,呈现东高西低的态势。具体到省份,2008—2017 年平均人力资本发展水平最高的地区依次是北京、江苏、广东、上海和浙江。这些地区在教育、卫生医疗、科研投入和人才培养方面投入较大,人力资本发展水平遥遥领先。2008—2017 年人力资本和经济两系统平均耦合度最高的依次是北京、江苏、广东、上海和浙江,除名次稍有差异外,该排名和人力资本发展水平最高的省份一致,说明人力资本是经济发展的关键因素,若要促进经济增长,人力资本的超前投资是极为重要的。

参 考 文 献

A. 普通图书

[1]　马歇尔.经济学原理：上[M].廉运杰，译.北京：华夏出版社，2013.

[2]　贝克尔.人力资本：特别是关于教育的理论与经验分析[M].梁小民，译.北京：北京大学出版社，1987.

[3]　贝克尔.人力资本理论：关于教育的理论和实证分析[M].郭虹，译.北京：中信出版社，2007.

[4]　蔡禾.中国劳动力动态调查：2015 年报告[M].北京：社会科学文献出版社，2015.

[5]　李嘉图.政治经济学及赋税原理[M].郭大力，王亚南，译.南京：译林出版社，2014.

[6]　费雪.利息理论[M].陈彪，译.北京：商务印书馆，2013.

[7]　高素英.人力资本与经济可持续发展[M].北京：中国经济出版社，2010.

[8]　侯风云.中国人力资本投资与城乡就业相关性研究[M].上海：上海三联书店，2007.

[9]　胡德龙.人力资本与经济发展：理论与实证[M].南昌：江西人民出版社，2008.

[10]　吉彩红.人力资本与中国经济增长[M].北京：知识产权出版社，2009.

[11]　库兹涅茨.现代经济增长：速度、结构与扩展[M].戴睿，易诚，译.北京：北京经济学院出版社，1989.

[12]　李宏彬，张俊森.中国人力资本投资与回报[M].北京：北京大学出版社，2008.

[13]　李斯特.政治经济学的国民体系[M].邱伟立，译.北京：华夏出版社，2013.

[14]　李玉江.区域人力资本研究[M].北京：科学出版社，2005.

[15]　李子奈.高级应用计量经济学[M].北京：清华大学出版社，2012.

[16]　卢卡斯.经济周期模型[M].姚志勇，鲁刚，译.北京：中国人民大学出版社，2003.

[17]　罗尔.经济思想史[M].陆元诚，译.北京：商务印书馆，1981.

[18]　马克思.剩余价值理论[M].中共中央马克思恩格斯列宁斯大林著作编译局，译.北京：人民出版社，1975.

[19]　莫志宏.人力资本的经济学分析[M].北京：中国社会科学院研究生院，2002.

[20]　彭朝晖.人力资本与中国区域经济差异[M].北京：新华出版社，2005.

[21]　萨伊.政治经济学概论[M].赵康英，等译.北京：华夏出版社，2014.

[22]　沈利生，朱运法.人力资本与经济增长分析[M].北京：社会科学文献出版社，1999.

［23］ 舒尔茨.人力资本投资——教育和研究的作用［M］.蒋斌,张蘅,译.北京：商务印书馆,1990.

［24］ 舒尔茨.论人力资本投资［M］.吴珠华,等译.北京：北京经济学院出版社,1990.

［25］ 舒元.现代经济增长模型［M］.上海：复旦大学出版社,1998.

［26］ 斯密.国富论［M］.唐日松,等译.北京：华夏出版社,2005.

［27］ 谭永生.人力资本与经济增长——基于中国数据的实证研究［M］.北京：中国财政经济出版社,2007.

［28］ 瓦尔拉斯.纯粹经济学要义［M］.蔡受百,译.北京：商务印书馆,1997.

［29］ 王德劲.我国人力资本测算及其应用研究［M］.成都：西南财经大学出版社,2009.

［30］ 王金营.人力资本与经济增长：理论与实证［M］.北京：中国财政经济出版社,2001.

［31］ 王小鲁,樊纲.中国经济增长的可持续性——跨世纪的回顾与展望［M］.北京：经济科学出版社,2000.

［32］ 配第.赋税论［M］.邱霞,原磊,译.北京：华夏出版社,2006.

［33］ 配第.配第经济著作选集［M］.陈冬野,马清槐,周锦如,译.北京：商务印书馆,2011.

［34］ 配第.政治算术［M］.陈冬野,译.北京：商务印书馆,1978.

［35］ 配第.政治算术［M］.马妍,译.北京：中国社会科学出版社,2010.

［36］ 明塞尔,MINCER J.人力资本研究［M］.北京：中国经济出版社,2001.

［37］ 穆勒.政治经济学原理及其在社会哲学上的若干应用［M］.胡企林,朱泱,译.北京：商务印书馆,2009.

［38］ 中国教育与人力资源问题报告课题组.从人口大国迈向人力资源强国［M］.北京：高等教育出版社,2003.

［39］ 中华人民共和国科学技术部.中国科技人才发展报告［M］.北京：科学技术文献出版社,2015.

［40］ 朱必祥.人力资本理论与方法［M］.北京：中国经济出版社,2005.

B. 学位论文

［1］ 付宇.人力资本及其结构对我国经济增长贡献的研究［D］.长春：吉林大学,2014.

［2］ 高双.我国农村剩余劳动力转移及其成本研究［D］.长春：吉林大学,2010.

［3］ 蓝天.东北地区人力资本与经济增长研究［D］.长春：吉林大学,2012.

［4］ 刘金涛.异质性人力资本与经济增长关系研究［D］.济南：山东大学,2016.

［5］ 刘晓红.长三角地区人力资本存量对经济增长的影响研究［D］.长春：吉林大学,2014.

［6］ 逯进.西部地区人力资本与经济增长的关系研究［D］.兰州：兰州大学,2006.

［7］ 罗光洁.以人力资本为支撑推动中国经济发展研究［D］.昆明：云南大学,2015.

［8］ 毛雅萍.长三角地区人力资本与经济增长关系实证分析［D］.长春：吉林大学,2015.

[9]　乔红芳.基于实物资本与人力资本最佳配置的中国经济潜在增长率研究[D].泉州：华侨大学,2016.

[10]　孙淑军.人力资本与经济增长[D].沈阳：辽宁大学,2012.

[11]　孙宗扬.人力资本对经济增长影响的实证研究[D].大连：东北财经大学,2014.

[12]　陶小龙.中国经济增长的人力资本结构问题研究[D].昆明：云南大学,2011.

[13]　汪运波.中国人力资本存量微观评价研究[D].青岛：青岛大学,2015.

[14]　王德劲.我国人力资本测算及其应用研究[D].成都：西南财经大学,2007.

[15]　王海兵.人力资本、物质资本与中国全要素生产率[D].济南：山东大学,2015.

[16]　王伟.人力资本对中国经济增长的影响机制研究[D].武汉：华中科技大学,2013.

[17]　魏立萍.人力资本与经济增长关系研究[D].厦门：厦门大学,2001.

C. 期刊文献

[1]　陈昌兵.可变折旧率估计及资本存量测算[J].经济研究,2014(12).

[2]　陈应鹤.人力投资与经济增长——舒尔茨的"人力资本"理论述评[J].社会科学,1991(6).

[3]　程晓.人力资本与人的发展[J].哲学研究,2017(2).

[4]　单豪杰.中国资本存量 K 的再估算：1952—2006 年[J].数量经济技术经济研究,2008(10).

[5]　波金斯.中国经济体制改革：二[J].管理世界,1989(1).

[6]　丁栋虹,刘志彪.从人力资本到异质型人力资本[J].生产力研究,1999(3).

[7]　杜伟,杨志江,夏国平.人力资本推动经济增长的作用机制研究[J].中国软科学,2014(8).

[8]　方超,罗英姿.教育人力资本及其溢出效应对中国经济增长的影响研究——基于 Lucas 模型的空间计量分析[J].教育与经济,2016(4).

[9]　傅书勇,孙淑军.基于 MRW 模型的高等教育对区域经济增长贡献率研究——以东北三省为例[J].沈阳工业大学学报(社会科学版),2014(6).

[10]　龚六堂,谢丹阳.我国省份之间的要素流动和边际生产率的差异分析[J].经济研究,2004(1).

[11]　古明明,张勇.中国资本存量的再估算和分解[J].经济理论与经济管理,2012(12).

[12]　古耀杰,任艳珍.人力资本、R&D、能源消耗与经济增长关系研究——中国经济增长驱动因素的实证分析[J].经济问题,2015(2).

[13]　郭庆旺,贾俊雪.中国潜在产出与产出缺口的估算[J].经济研究,2004(5).

[14]　韩胜娟.国内学者人力资本存量测算方法的比较与展望[J].华东交通大学学报,2012(2).

[15]　韩胜娟.人力资本及其人口分布差异对经济增长的影响——基于 Mincer 方程人力资本核算方法的人均人力资本存量估算[J].西北人口,2011(6).

[16]　何枫,陈荣,何林.我国资本存量的估算及其相关分析[J].经济学家,2003(5).

[17]　何静,旷开源.人力资本投资结构研究综述[J].生产力研究,2011(4).

[18]　贺菊煌.我国资产的估算[J].数量经济技术经济研究,1992(8).

[19]　侯风云,范玉波,孙国梁.中国人力资本存量估计[J].南大商学评论,2005(3).

[20]　侯亚非,马小红.北京市迁移流动人口区域分布及结构特征[J].北京行政学院学报,2005(2).

[21]　侯亚非,曹颖.人力资本存量质量浅析[J].中国人口科学,2000(6).

[22]　黄勇峰,任若恩,刘晓生.中国制造业资本存量永续盘存法估计[J].经济学(季刊),2002(1).

[23]　焦斌龙,焦志明.中国人力资本存量估算:1978—2007[J].经济学家,2010(9).

[24]　景跃军,蓝天.东北地区人力资本对区域经济增长影响研究[J].经济纵横,2010(11).

[25]　景跃军,刘晓红.创新型人力资本与我国经济增长关系研究(1990—2010)[J].求索,2013(1).

[26]　景跃军,刘晓红.基于卢卡斯溢出模型的我国人力资本对经济增长贡献率测算[J].东南学术,2013(1).

[27]　靖学青.中国省际物质资本存量估计:1952—2010[J].广东社会科学,2013(2).

[28]　赖明勇,张新,彭水军,等.经济增长的源泉:人力资本、研究开发与技术外溢[J].中国社会科学,2005(2).

[29]　蓝天,景跃军.两个典型省份经济增长过程中人力资本差异比较研究[J].经济纵横,2012(1).

[30]　李宾.我国资本存量估算的比较分析[J].数量经济技术经济研究,2011(12).

[31]　李海峥,贾娜,张晓蓓,等.中国人力资本的区域分布及发展动态[J].经济研究,2013(7).

[32]　李海峥,梁赟玲,BARBARA F,等.中国人力资本测度与指数构建[J].经济研究,2010(8).

[33]　李建民.人力资本与经济持续增长[J].南开经济研究,1999(4).

[34]　李治国,唐国兴.资本形成路径与资本存量调整模型——基于中国转型时期的分析[J].经济研究,2003(2).

[35]　梁润,余静文,冯时.人力资本对中国经济增长的贡献测算[J].南方经济,2015(7).

[36]　廖重斌.环境与经济协调发展的定量评判及其分类体系——以珠江三角洲城市群为例[J].广州环境科学,1996(1).

[37]　刘金涛,刘文.异质性人力资本与经济增长动态关系研究[J].理论与改革,2014(1).

[38]　刘仲文.试论人力资本理论与应用的几个问题[J].会计研究,1999(6).

[39]　逯进,侯传璐.我国人力资本与经济增长的关联性特征分析[J].人口与发展,2015(5).

[40]　逯进,周惠民.人力资本理论:回顾、争议与评述[J].西北人口,2012(5).

[41]　逯进,周惠民.中国省域人力资本与经济增长耦合关系的实证分析[J].数量经济技术经济研究,2013(9).

[42]　毛军.我国资本存量估算方法比较与重估[J].河南社会科学,2005(2).

[43]　孟望生,刘发跃.人力资本投资理论回顾与评述[J].生产力研究,2016(11).

[44]　孟望生,王询.中国省级人力资本水平测度——基于成本法下的永续盘存技术[J].劳动经

济研究,2014(4).

[45]　钱雪亚,刘杰.中国人力资本水平实证研究[J].统计研究,2004(3).

[46]　钱雪亚,章丽君,林浣.度量人力资本水平的三类统计方法[J].统计与决策,2003(10).

[47]　钱雪亚,王秋实,刘辉.中国人力资本水平再估算:1995—2005[J].统计研究,2008(12).

[48]　钱雪亚,周颖.人力资本存量水平的计量方法及实证评价[J].商业经济与管理,2005(2).

[49]　钱雪亚.关注另一类统计误差——实证分析中的若干偏误现象[J].统计研究,2005(3).

[50]　钱雪亚.人力资本存量计量的合理视角[J].浙江社会科学,2005(5).

[51]　邵琳.人力资本与区域经济增长[J].人口学刊,2014,36(2).

[52]　沈利生,乔红芳.重估中国的资本存量:1952—2012[J].吉林大学社会科学学报,2015(4).

[53]　史四卿.基于内生增长模型的人力资本存量研究[J].武汉理工大学学报,2010(11).

[54]　宋海岩,刘淄楠,蒋萍,等.改革时期中国总投资决定因素的分析[J].世界经济汇,2003(1).

[55]　孙辉,支大林,李宏瑾.对中国各省资本存量的估计及典型性事实:1978~2008[J].广东金融学院学报,2010(3).

[56]　孙景蔚.基于损耗的人力资本估算——以长江三角洲经济区三省市为例[J].中国人口科学,2005(2).

[57]　孙旭.基于受教育年限和年龄的人力资本存量估算[J].统计教育,2008(6).

[58]　谭永生.教育所形成的人力资本的计量及其对中国经济增长贡献的实证研究[J].教育与经济,2006(1).

[59]　谭永生.人力资本理论述评及对我们的启示[J].首都经济贸易大学学报,2006(3).

[60]　陶小龙,杨先明.人力资本结构与经济发展关系研究的一个理论框架[J].云南大学学报(社会科学版),2012(4).

[61]　汪运波,肖建红,孙大山.基于微观视角的人力资本存量评价体系研究[J].科技管理研究,2014(15).

[62]　王德劲,向蓉美.我国人力资本存量估算[J].统计与决策,2006(10).

[63]　王德劲.人力资本对经济增长贡献的实证研究综述[J].统计与咨询,2009(6).

[64]　王桂新,陈冠春.上海市物质资本存量估算:1978~2007[J].上海经济研究,2009(8).

[65]　王金营.中国经济增长与综合要素生产率和人力资本需求[J].中国人口科学,2002(2).

[66]　王小鲁,樊纲,刘鹏.中国经济增长方式转换和增长可持续性[J].经济研究,2009(1).

[67]　魏巍,李强.人力资本积累、经济增长与区域差异——基于省级面板数据的经验分析[J].软科学,2014(1).

[68]　吴兵,王铮.中国各省区人力资本测算研究[J].科研管理,2004(4).

[69]　吴文恒,牛叔文,郭晓东,等.中国人口与资源环境耦合的演进分析[J].自然资源学报,2006(6).

[70]　向钧,薛新伟.人力资本存量计算方法的改进与试算[J].数学的实践与认识,2009(3).

[71] 徐现祥,周吉梅,舒元.中国省区三次产业资本存量估计[J].统计研究,2007(5).

[72] 薛俊波,王铮.中国 17 部门资本存量的核算研究[J].统计研究,2007(7).

[73] 杨建芳,龚六堂,张庆华.人力资本形成及其对经济增长的影响——一个包含教育和健康投入的内生增长模型及其检验[J].管理世界,2006(5).

[74] 杨晓智.金融发展、人力资本的耦合机制与经济增长的实证分析[J].统计与决策,2015(1).

[75] 姚树荣,张耀奇.人力资本涵义与特征论析[J].上海经济研究,2001(2).

[76] 姚先国,钱雪亚.人力资本水平计量的几个问题[J].劳动经济评论,2008(1).

[77] 姚洋,崔静远.中国人力资本的测算研究[J].中国人口科学,2015(1).

[78] 叶宗裕.中国资本存量再估算:1952—2008[J].统计与信息论坛,2010(7).

[79] 袁富华,张平,陆明涛.长期经济增长过程中的人力资本结构——兼论中国人力资本梯度升级问题[J].经济学动态,2015(5).

[80] 张帆.中国的物质资本和人力资本估算[J].经济研究,2000(8).

[81] 张军,施少华.中国经济全要素生产率变动:1952—1998[J].世界经济文汇,2003(2).

[82] 张军,吴桂英,张吉鹏.中国省际物质资本存量估计:1952—2000[J].经济研究,2004(10).

[83] 张军,章元.对中国资本存量 K 的再估计[J].经济研究,2003(7).

[84] 张军.改革以来中国的资本形成与经济增长:一些发现及其解释[J].世界经济文汇,2002(1).

[85] 张军扩."七五"期间经济效益的综合分析——各要素对经济增长贡献率测算[J].经济研究,1991(4).

[86] 张琦.我国人力资本存量的测算[J].统计与决策,2007(5).

[87] 张学英,周东丽.人力资本存量贬损研究[J].开放导报,2008(5).

[88] 周云波,武鹏,余泳泽.中国区域农村人力资本的估算及其时空特征[J].中国人口·资源与环境,2010(9).

[89] 朱平芳,徐大丰.中国城市人力资本的估算[J].经济研究,2007(9).

[90] 朱翊敏,钟庆才.广东省经济增长中人力资本贡献的实证分析[J].中国工业经济,2002(12).

D. 外文文献

[1] ARROW K. The economic implication of learning by doing[J]. Review of economics & statistics,1962,29(3).

[2] BARRO R J,LEE J. International data on educational attainment:updates and implications[J]. Oxford economic papers,2001,53(3):541-563.

[3] BARRO R J,SALA-I-MARTIN X. Economic growth[M]. 2nd ed. Mit Press Books,2003,1(5):288-291.

[4] BECKER G S,TAMURA R. Human capital,fertility and economic growth[J]. Journal of political economy,1990,98(S5):323-350.

[5] CHOW G C. Capital formation and economic growth in China[J]. Quarterly journal of economics，1993，108(3)：809-842.

[6] JORGENSON D W. Surplus agricultural labor and the development of a dual economy[J]. Oxford Economic Papers,1967.

[7] DENISON E F. The sources of economic growth in the United States and the alternatives before us[M]. New York，Committee for Economic Development，1962.

[8] DUBLIN L I，LOTKA A J. The money value of a man[J]. American journal of sociology，1930，94(2)：1528.

[9] EISNER R. The total incomes system of accounts[J]. Review of income and wealth，1985，37(4)：455-460.

[10] Engel E. Der Werth des Menschen [M]. Berlin：Verlag vonleonhard simion,1966：58-104

[11] FOLLONI G，VITTADINI G. Human capital measurement：a survey[J]. Journal of economic surveys，2010，24(2)：248-279.

[12] Goldsmith R W. A perpetual inventory of national wealth[R]. Studies in Income and Wealth,Volume 14.NBER,1951：5-73.

[13] GRAHAM J W，WEBB R H. Stocks and depreciation of human capital：new evidence from a present-value perspective[J].Review of income and wealth，1979 (25)：209-224.

[14] CHOWG C，LI KW. China's economic growth：1952—2010[J]. Economic development and cultural change，2002，51(1)：247-256.

[15] HALL R E，JONES C I. Why do some countries produce so much more output per worker than others？[J]. The quarterly journal of economics，1999，114(1)：83-116.

[16] HARPAN I，DRAGHICI A. Debate on the multilevel model of the human capital measurement[J]. Procedia - social and behavioral sciences，2014(124)：170-177.

[17] HARROD R F. Why growth rates differ：postwar experience in nine western countries by Edward F. Denison[J]. Revue Économique，1967，20(5)：915-917.

[18] HOLZ C A. New capital estimates for China[J]. China economic review，2006，17(2)：142-185.

[19] HOSSAIN S I. Making education in China equitable and efficient[R]. Policy Research Working Paper，1997.

[20] INADA K. On a two-sector model of economic growth：comments and a generalization [J]. Review of economic studies，1963，30(2)：119-127.

[21] JEFFERSON G H，ZHENG Y. Growth, efficiency, and convergence in China's state and collective industry[J]. Economic development & cultural change，1992，40(2)：239-266.

[22] JEONG B. Measurement of human capital input acrosscountries：a method based on the

laborer's income[J]. Journal of development economics, 2002(67): 333-349.

[23] JONES L E, MANUELLI R. A convex model of equilibrium growth: theory and policy implications[J]. Journal of political economy, 1990, 98(5): 1008-1038.

[24] Jorgenson D W, Fraumeni B M. Investment in Education and U.S. Economic Growth[J]. Scandinavian Journal of Economics, 1992, 94. 51-70

[25] LUCAS R E. On the mechanics of economic development [J]. Journal of monetary economics, 1989, 22(1): 3-42.

[26] KALDOR N. Alternative theories of distribution[J]. Review of economic studies, 1955, 23(2): 83-100.

[27] Kendrick J W. The Fomation and Stocks of Total Capital[M]. New York: Columbia university Press for NBER, 1976,1-256

[28] KIKER B F. The historical roots of the concept of human capital[J]. Journal of political economy,1966, 74(5): 481-499.

[29] LE T, GIBSON J, OXLEY L. Measures of human capital: a review of the literature[r]. New Zealand Treasury Working Paper Series with Number 05/10,2005.

[30] LEE J W, LEE H. Human capital in the long run[J]. Journal of development economics, 2016(122): 147-169.

[31] MACHLUP F. The economics of information and human capital[M]. New Jersey, Princeton University Press, 1984.

[32] MANKIW N G, ROMER D, WEIL D N. A contribution to the empirics of economic growth[J]. Quarterly journal of economics, 1990, 107(2): 407-437.

[33] MILLIMET D L, NIESWIADOMY M, SLOTTJE D. Detailed estimation of worklife expectancy for the measurement of human capital: accounting for marriage and children [J]. Journal of economic surveys, 2010, 24(2): 339-361.

[34] MULLIGAN, CASEY B, SALA-I-MARTIN X. A labor income-based measure of the value of human capital: an application to the states of the United States[J]. Japan and the world economy, 1997,9(2): 159-191.

[35] ROMER P M. Endogenous technical change [J]. Journal of political economy, 1990, 98(5): 71-102.

[36] ROMER P M. Increasing returns to long-run growth[J]. Journal of political economy, 1986, 94(5): 1002-1037.

[37] SHESHINSKI E. Tests of the "learning by doing" hypothesis[J]. Review of economics & statistics, 1967, 49(4): 568-578.

[38] SOLOW R M. Technical change and the aggregate production function[J]. Review of

economics & statistics，1957，39(3)：554-562.

[39]　TINOCO T. Does education matter：myths about education and economic growth[J]. Financial theory & practice，2001，29(1)：123-126.

[40]　UZAWA H. Optimum technical change in an aggregative model of economic growth[J]. International economic review，1965，6(1)：18-31.

[41]　Farr W Equitable Taxation of Property [J].Quarterly journal of the statistics society，1853，(16)：1-45.

[42]　WEISBROD B A.The valuation of human capital[J]. The journal of political economy，1961,69(5)：425-436.

[43]　WU Y. Is China's economic growth sustainable? A productivity analysis[J]. China economic review，2000，11(3)：278-296.

[44]　YANG X，BORLAND J. A microeconomic mechanism for economic growth[J]. Journal of political economy，1991，99(3)：409-436.

E. 电子文献

[1]　中华人民共和国教育部.2016 年全国教育事业发展统计公报[EB/OL].
http://www.moe.edu.cn/jyb_sjzl/sjzl_fztjgb/201707/t20170710_309042.html.

[2]　中华人民共和国民政部.2015 年社会服务发展统计公报[EB/OL].
http://www.mca.gov.cn/article/sj/tjgb/201607/20160700001136.shtml.

[3]　国家统计局.历年中国统计年鉴 [EB/OL].
http://www.stats.gov.cn/tjsj/ndsj.

[4]　国家统计局. 2016 年全国房地产开发投资和销售情况[EB/OL].
http://www.stats.gov.cn/tjsj/zxfb/201701/t20170120_1455967.html.

附　录